保育者のための
外国人保護者
支援の本

咲間まり子 監修
Sakuma Mariko

第4章　園の多文化化のために知っておきたいこと

第5章　コミュニケーションのためのリソース

はじめに

　日本に暮らす外国人は、国際結婚、仕事を求めて来日、定住、技能実習生と住む事情はさまざまですが、法務省出入国在留管理庁によると、2019（令和元）年6月末の在留外国人数は、282万9416人で、前年末に比べ9万8323人増加となり過去最高です。さらに、学齢相当は、小学生相当8万7164人、中学生相当3万6885人、合わせて12万4049人、6歳以下の在留外国人児童は12万7346人です。

　子どもたちはほどなく日常会話の日本語を習得していきますが、就学前施設における課題は、むしろ保護者との向き合い方の面が大きいです。一方、外国人児童生徒支援の立場からは、日本語指導が必要な渡日の子どもたちだけでなく、日本生まれ・日本育ちの外国につながる子どもたちにも、学習言語としての日本語獲得の難しさがあること、母語（継承語）の習得がアイデンティティの確立や日本語での学習能力の面で重要であること等が明らかにされてきています。

　2018年施行された保育所保育指針では、子育て支援がキーワードのひとつとして挙げられています。国籍や出自にかかわらず、すべての子どもたちの健やかな成長のために、多様性が尊重される必要があり、そのためにもまず外国人保護者支援の面、保護者から理解を得ることは大きな課題です。

　そこで、本書は諸外国や日本の現状をふまえながら、外国につながる子どもや保護者への支援の実際を、その分野のスペシャリストの皆さんにわかりやすく解説していただきました。第1章では「日本の多文化化とこれからの外国人保護者支援」、第2章では「外国人保護者支援と『ことば』」、第3章では「外国人保護者支援の実際」、第4章では「園の多文化化のために知っておきたいこと」、そして第5章では「コミュニケーションのためのリソース」について詳しく、丁寧に示しています。

　この手引書は保育者として知っておきたい外国人保護者支援の考え方とノウハウがびっしり詰まっています。現場の皆さまへの応援の書です。今日からお役に立つことでしょう。

2020年1月

監修者　咲間まり子

第1章

日本の多文化化と
これからの外国人保護者支援

日本に暮らす外国人が増えるに従い、

保育所・幼稚園・認定こども園等でも外国籍の子ども、

外国にルーツをもつ子どもたちが増えています。

まず、日本の多文化化の現状を見てみましょう。

保育指針や教育要領等も確認しながら、

保育者としてできることを考えてみます。

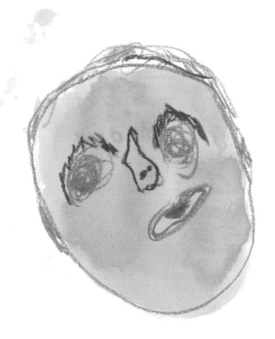

地域の特性をいかし地域と連携して
外国人保護者支援を

咲間まり子　東京純心大学

日本で暮らす外国人は30年間で2.5倍

　法務省によると、2019（令和元）年6月末の在留外国人数は、282万9416人で、前年末（273万1093人）に比べ9万8323人（3.6％）増加となり過去最高です。リーマンショックや東日本大震災の影響で2008年以降減少に転じた時期はあったものの平成の30年間では約2.5倍以上の増加であり、総人口に占める在留外国人数の割合も同様の傾向が示されています。

　在留カード及び特別永住者証明書上に表記された国籍・地域の数は195（無国籍を除く）です。

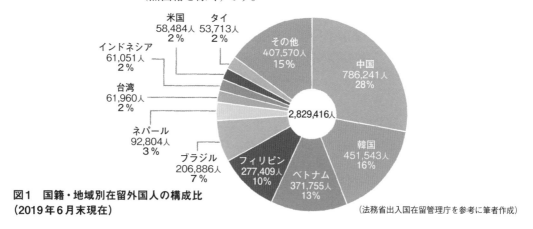

図1　国籍・地域別在留外国人の構成比（2019年6月末現在）

（法務省出入国在留管理庁を参考に筆者作成）

　上位10か国・地域のうち、増加が顕著な国籍・地域（図1）としては、ベトナムが37万1755人、インドネシアが6万1051人、ネパールが9万2804人となっており、その対前年末増加率はベトナムが12.4％（4万920人増）、インドネシアが8.4％（4750人増）、ネパールが4.3％（8353人増）と上位を示し、多国籍化も進んでいます。

　また、在留外国人の在留資格別数（図2）を見ると、在留資格別では、「永住者」が78万3513人と最も多く、次いで、「技能実習」の36万7709人、「留学」が33万6847人と続いており、「技能実習」や「留学」の在留資格をもつ者が増加傾向にあります。

　これは、これまでの多文化社会等いわゆる「集住地域」*1（5都府県）中心の捉え方だけではなく、外国人居住者の増加や変化（研修生等）にともなう新たな動向として、各地に散在して住む地域においての多文化社会

*1
外国人「集住地域」とは、ニューカマーと呼ばれる南米日系人を中心とする外国人住民が多数居住する地域を示す。

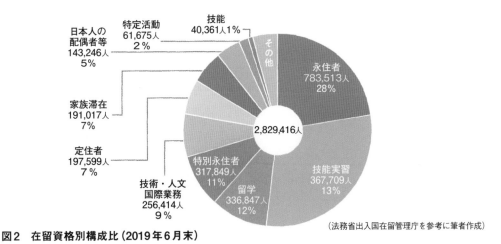

図2　在留資格別構成比（2019年6月末）

（法務省出入国在留管理庁を参考に筆者作成）

にも注目していかなければならないことを示しています。

　2019年4月1日には、新たに外国人材の受け入れのための在留資格（「特定技能1号*2」「特定技能2号*3」）の創設等を内容とする「出入国管理及び難民認定法及び法務省設置法の一部を改正する法律」（平成30年法律第102号）が施行され、この傾向は一層進むと考えられます。

移動する人々は世界的に増えている

　国連は、毎年12月18日を「国際移住者デー」に制定しています。国連管轄の国際移住機関（IOM）グローバル移住データ分析センターのデータに基づく情報によると、世界全土の移民人口は2000〜2017年に49％増加して2億5800万人に達しました。

　つまり、2000年に1億7300万人であった移民人口は2005年に1億9100万人、2010年に2億2200万人、2015年に2億4400万人、そして、2017年には2億5800万人に達したということです。移民の世界人口に対する割合は1990年に2.9％でしたが、2015年には3.3％に上昇しました。この割合は世界人口73億人のうち30人に1人に相当します。

　日本経済新聞によりますと、日本は世界で4番目に外国人を多く受け入れる「移民大国」になったということです（2019年8月20日付コラムより）。

　2019年4月1日に施行された改正入管法では、新たに「特定技能1号・2号」という在留資格が設けられ、これまで表向きは否定されてきた非熟練の外国人労働者にも門戸を開く法改正になっています。現実には深刻な人手不足により、途上国からの留学生を含めた外国人労働者が欠かせない存在であり、コンビニエンスストアや飲食店など私たちが普段目にするところ以外にも、外国人材に頼らざるを得ないのが現状です。

*2
特定技能1号：特定産業分野（介護、ビルクリーニング、素形材産業、産業機械製造業、電気・電子情報関連産業、建設、造船・舶用工業、自動車整備、航空、宿泊、農業、漁業、飲食料品製造業、外食業の14分野）に属する相当程度の知識又は経験を必要とする技能を要する業務に従事する外国人向けの在留資格。

*3
特定技能2号：特定産業分野（建設、造船・舶用工業）に属する熟練した技能を要する業務に従事する外国人向けの在留資格。

保育所保育指針、認定こども園教育・保育要領、
幼稚園教育要領から見る外国人保護者支援

「特定技能」での新たな外国人材の受け入れにともなって、家族での日本への移動、あるいは、国際結婚にともなう移動等、子どもたちの成長にともなう保護者の子育てストレスや家族支援・社会支援から、母方母語・文化の継承にいたる幅広いニーズを明確化することは重要です。

保育所保育指針では、**第4章子育て支援 (2) 保護者の状況に配慮した個別の支援ウ「外国籍家庭など、特別な配慮を必要とする家庭の場合には、状況等に応じて個別の支援を行うよう努めること」**とあり、認定こども園教育・保育要領では、「海外から帰国した園児や生活に必要な日本語の習得に困難のある園児については、安心して自己を発揮できるよう配慮するなど個々の園児の実態に応じ、指導内容や指導方法の工夫を組織的かつ計画的に行うものとする」とあります。

幼稚園教育要領では、「海外から帰国した幼児や生活に必要な日本語の習得に困難のある幼児については、安心して自己を発揮できるよう配慮するなど個々の幼児の実態に応じ、指導内容や指導方法の工夫を組織的かつ計画的に行うものとする」等、海外から帰国した子どもや外国人の子どもに加え、保護者が国際結婚等、いわゆる外国につながる子ども*4が在園する場合は、異文化における生活経験等を通して、我が国の社会とは異なる言語や生活習慣、行動様式に親しんでいるため、一人一人の実態は、その在留国や母国の言語的・文化的背景、滞在期間、年齢、就園経験の有無、さらには、家庭の教育方針などによって様々であるため、特別に配慮しなければならないと示しています。

また、これらの子どもの中には生活に必要な日本語の習得に困難な場合もあります。こうした場合、まず保育者自身が、当該児が暮らしていた国の生活などに関心をもち、理解しようとする姿勢で、一人一人の実情を把握し、子どもが保育者によって受け入れられ、見守られているという安心感を持てるような保育をすることが重要です。

そこで、保育者は子どもの安心感につなげる関わり方をしたり、あいさつや簡単な言葉掛けの中に母語を使ってみたりしながら信頼関係を築くことが大切です。また、子どもが日本の生活や園生活に慣れていくよう、家庭との連携を図ることも大切です。

また、保護者には、園生活や園の方針を丁寧に説明したりすることなどが必要です。様々な背景をもった子どもが生活を共にすることは、異なる習慣や行動様式をもった他の子どもと関わり、それを認め合う貴重な経験につながります。それは、子どもが一人一人の違いに気付き、そ

*4
外国につながる子ども：外国籍の子ども、両親のいずれかが外国籍の子ども、海外・帰国子女など、言語文化背景が異なる子ども。

れを受け入れたり、自他の存在について考えたりするよい機会にもなり得ます。保育者はそうした感情を受け止めつつ、一人一人がかけがえのない存在であるということに気付くよう促していくことが大切です。

さらに、様々な問題に不安を感じている保護者は、その悩みを他者に伝えることができず、問題を抱え込む場合もあります。保育者は保護者の不安感に気付くことができるよう、送迎時などにおける丁寧な関わりの中で、家庭の状況や問題を把握する必要があり、保護者の意向や思いを理解した上で、必要に応じて市町村等の関係機関やかかりつけ医と連携するなど、社会資源を生かしながら個別の支援を行う必要があります。

具体的な支援については、本書の2章〜5章を参考にしてください。

少子・高齢化社会と多文化共生社会

国が違えば習慣が違う、食べ物が違う、文化が違う等、すべてにおいて異なるところがあります。私たちから見たら外国の人、でも日本以外の人から見たらこちらが外国人です。

冒頭でも述べましたが、現在、日本において在留外国人の数が急激に増加しています。その背景にあるものは、以前から続いている日本への外国人の流入の増加にあります。その多くが家族や子どもをともなって来日し、また近年では本国にいる親戚などを呼び寄せたりして日本に定住するようになり、その子どもたちが日本で生まれて、現在その数が増えている状況です。このように、現在のそして今後増えてくる外国につながる子どもたちは、日本生まれあるいはごく幼い時期に来日し、日本の就学前施設に通い、メディアや友人関係を通してごく自然に日本文化に接してきた子どもたちです。

以下の事例は、その外国人「非」集住地域の一つ岩手県一戸町の事例です。ここでは、少子・高齢化社会と多文化共生が地域と連携して成功しています。

岩手県一戸町の総人口は1万2322人（2019年9月現在）です。そのうち65歳以上の高齢者は40.7％をしめ、人口の2.5人に1人が65歳以上、4.4人に1人が75歳以上で、高齢者（65歳以上）と生産年齢人口（15〜64歳）の比率は、1対1.2となっており、若者ないし壮年または中年の1.2人が1人の高齢者を支えています。ちなみに全国平均では2.1人に1人の割合です。また、在留外国人登録者数は66人（2019年9月現在）で人口の5％にあたり、農業分野、企業による研修生の受け入れ、高校生、中学生の海外派遣や農業、商工業、福祉関係の海外視察研修のほか、一般町民も海外との交流が活発です。

ベトナム研修生との交流会。来日すると
まず提携企業で日本語を学ぶ

ベトナム研修生（一戸町縫製企業）。そ
の後仕事別に各企業に配属される

＊5
全国的に医師確保が課題
になる中、岩手県内では、県
や市町村などにより医学生
への奨学金制度を創設、運
用してきたが、奨学生は定
員を下回っていた。根本的
な解決策がない中、一戸町
では、長年交流を続けてき
たベトナム社会主義共和国
からの留学生を医師として
育成することとした。
日本で医学を学ぶ意志をも
つホーチミン市国家大付属
英才高校卒業生ルー・ホン
ゴックさんと出会い、本人・
家族と面談のうえ、町との
間で確認書を取り交わし、
ルーさんが医師になるまで
のおよそ10年間、町が奨学
金などを援助し、2023年4
月から一戸町内の医療機関
で医師として従事すること
となっている。

この研修生を支援しているのが一戸町国際交流協会です。設立の1999年当時から特に力を入れて取り組んできたことの一つが、研修生として来町する人々に対する日本語の習得、それに留まらない生活習慣全般にわたる支援、研修生たちの地域活動への参加を積極的に勧めての地域住民との交流などであり、人と人を結ぶ本格的な交流になっています。

特に日本語教育は、小中高校の退職教員が担っており、その成果は大きいものがあります。また日本語勉強会、日帰り旅行、旧正月を祝う会、一戸町のお祭りや、町民体育大会、町内会の総会、そしてお互いの国の料理講習会など、様々な活動はお互いのアイデンティティ伝承につながっています。町民だけではなく、研修生として一番来町の多いベトナム国と一戸町との交流も盛んです。ベトナム国福祉施設訪問、車いすをベトナム国福祉施設に贈呈、東日本大震災におけるベトナム国からの支援、ベトナム国赤十字へ眼鏡の贈呈等の交流が、ベトナム国から一戸町への医学留学生の確保となり、一戸町の医師不足問題解決へとつながっています＊5。

全国的に高齢化が進む中で、一戸町においても高齢者人口は年々急激に増加していますが、研修生や日本人の配偶者としてのベトナム・中国・フィリピン等の在留外国人と高齢者との良いつながりや、そこに生まれてくる子どもたちは、少子化社会の日本において、地域の活性化になっています。ここが「集住地域」とは異なる特性といえます。この二つの文化をもつ子どもたちが母語や文化をどう保有し、どのようなアイデンティティを培っていけるのか、今後も調査をしていきます。

友人や知人として、地域社会の隣人や職場の同僚として、スーパーや飲食店の店員として等、様々な場で私たちは多様なルーツをもつ人々に出会っています。つまり、日本は確実に多文化化しています。そして、少しずつではありますが、制度や人々の意識を変えてきています。それは、現場で外国人保護者支援を担っている皆さんの力です。

私たちは、多文化化する社会の現実に目を向け、多様なルーツをもつ人々が、真に社会の一員として「共に生きる」ことができる社会を築くためにはどうしたらよいかを考え、かつ行動に移していく必要があります。

第2章

外国人保護者支援と「ことば」

「何語で育てるか」は、母国を離れて子育てをする
保護者にとって、とても大きな問題です。
一方、保育者の悩みのひとつは、外国人保護者と
どのようにコミュニケーションをとるかでしょう。
ここでは子育てのことばと子どもにとっての母語の意味、
そして「やさしい日本語」を取り上げます。

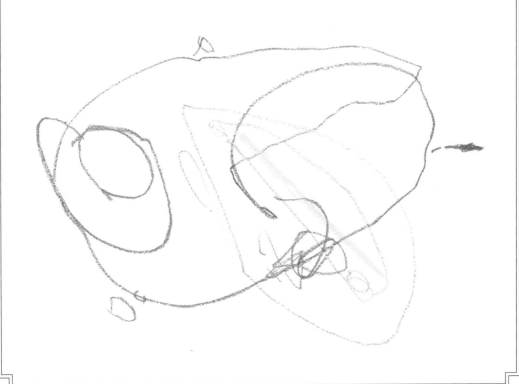

子育てのことば ──児童館から見えたこと

西方郁子　ピナット〜外国人支援ともだちネット

①こんにちは！　にっかです。

にっかです。東京都の公立児童館職員として34年間勤めました。何人もの外国につながる子どもや保護者に出会い、話を聞いたり、どうしたらいいかいっしょに悩んできました。そのなかで、子育てのことばについて気づいたこと、考えたことを絵本にしてみました。

②わたしは児童館につとめていました。

児童館は、0歳から18歳までの子どもが対象の、あそびの施設です。午前中は保護者といっしょに乳幼児がたくさんやってきます。放課後は小学生がどっとやってきます。彼らが、児童館の主な利用者です。午後6時以降のおそい時間には、中学生・高校生も児童館を利用します。あそぶというより、スタッフとのおしゃべりが主流です。

③外国につながる子どもや親たちにも会いました。いろいろな国から来た人たちです。

児童館に併設された学童クラブにも、外国につながる子どもたちがたくさんやってきます。そして、行事や保護者会には、外国人の保護者のみなさんもやってきます。

④外国につながる子どもたちから、こんな話を聞くことがありました。

ある子は、「中国人のお母さんの里帰りに、いっしょに行きたくない」といいました。中国語が話せないから、退屈なのだそうです。ある子は進路のことを親には相談しない、「どうせ言ってもわからないから」と。学校で友達とトラブった子は、微妙なことがお母さんに伝わらないのが歯がゆいとのこと。「ただのいざこざなんだけど、ママはすぐいじめだって学校にどなり込むから、かえって面倒」と話してくれました。

⑤どうして外国にルーツのある 子どもだけがそんなことを言うの でしょう。

思春期の悩みや親子の葛藤はどこの家庭にもあることで しょう。しかし、外国につながる子どもたちは、けっこう 早い時期から、お母さんが日本語が上手に話せないため に、あきらめているように感じられました。

⑥聞いてみたら、お家では日本語。 小さいうちはとくに問題がなくて も、子どもが成長するなかで、思 わぬ影響が出てくるように感じら れました。

国際結婚の家庭で何語を使うかは、いろいろなパターン がありますが、アジアの国出身のお母さんと、日本人の お父さんの場合、家庭での会話は日本語ということが多 いようでした。そうすると、子どもは日本語を主な言語と して育っていきます。なかには日本語がとても上手で語彙 が豊富な人もいますが、多くの外国人のお母さんは「かた こと」の日本語で子育てをしていました。

⑦ほんとうは何語で 育てたいのでしょう？

外国人の親が日本で子育てをするとき、ほんとうは何語 で育てたいのでしょう？　親自身の気持ちを伝えたり将 来のことを話したり、故郷に帰ってお国の祖父母や親戚 に会ったときに話ができるように、自分の国の言葉で育 てたい、が本音。でも、「ここは日本だし、私のせいで日 本語がへたになったら困るから、日本語で育てる」という 人が多いようです。

⑧ところで、どんな子に 育ってほしいですか？

乳幼児を育てている保護者に「どんな子どもに育ってほ しいですか？」と質問すると、みなさんに共通する願いが 出てきます。「明るくのびのびしている子」「友達がたくさ んいる子」「やさしい思いやりがある子」「自立心や、責 任感がある子」などです。

⑨土台があって花が咲きます。

「明るくのびのび」「思いやりがある」「自立心・責任感」などは、心の土台に咲く花のようなものではないでしょうか。小さいころからの「自分はいていい存在」「愛されている」「まわりの人に大切にされている」「だから自分が大好き」といった気持ちが、豊かな心の土台を形成し、他者へのあたたかい気持ちや自立心を育てていくように思います。

⑩そのためには、たくさんの ほめことばが必要です。

「自分がとても大切な存在」と思うためには、いちばん身近な保護者からの、たくさんのことばが必要です。子どもを認めて、しかも子どもの心に届くことば・表現で、シャワーのように毎日、子どもに語りかけてやる必要があります。そのためには、いちばん自信があり、星の数ほど言い方を知っている、親自身のお国のことばが適切です。

⑪でも「うちの子、欠点ばかりで ほめるところがない」という人が います。

「ほめたいけど、欠点ばかり目につく」ということって、ありませんか？　わが子を目の前にすると、みんなそうです。

⑫そんなときは、同じことでもプ ラスの言い方に変えてみましょう。

見方を変え、言い方を変えると、欠点が思わぬ才能や可能性に感じられるようになります。例えば「しつこい」は「ねばりづよい」、「反抗的な」は「考えがはっきりしている」、「いいかげん」は「こだわらない」。
すると、しかる場面が減るのでストレスも減り、当然、子どもは認められて自信をもつようになります。

⑬そこで、提案です。

たくさんのほめことばを子どもに伝えるために、また、欠点に見えることでも明るく言い換えるためにも、親がもっとも自信があり、自由に話せる言葉で育てるのがいちばんです。

⑭でも、お国のことばで子育てをしたら、子どもが日本語を覚えられないのでは？

そのご心配も、もっともです。でも大丈夫。

⑮心配しないで。子どもは早いです。

幼稚園や保育園に入ると、日本語がいっぱいの園生活で子どもはあっという間に日本語を話せるようになります。すぐに親を抜いてしまいます。家庭では、親はいちばん自信のあるお国のことばで堂々とお話しして大丈夫です。私が出会った 4 歳の王子くんは、日本にやってきてすぐに日本語力ゼロで保育園に入りました。でも、入園 2 日目に「先生」と「やめて」ということばを覚えました。半年後には「こんにちは、今日ね…」とお話ができるようになりました。

⑯もう一度、言います！
子育ては親がいちばん自信のあることばで！

日本にいるのだから、日本語が使えるのはもちろん大切なこと。でも、母語にはまた別の、その子のアイデンティティや親とのつながりという大事さがあると気づきました。幼い子どもの保育・教育に関わる方々も、外国人の保護者が母語で子育てすることをはげまし、支えていただけたらと思います。

これは、「外国人ママ・国際結婚ママのためのおしゃべり交流会」(東京都三鷹市の市民団体ピナット・ママ友カフェ主催) のために作成したパネルシアターを、再構成したものです。

どちらも大切な母語と日本語
—— 子どものアイデンティティを育てる

プロフィール

東京都出身。国際基督教大学・大学院、トロント大学大学院で学び、ハワイ大学とトロント大学教授、名古屋外国語大学教授・日本語教育センター長を経て、現在、トロント大学名誉教授。トロント補習授業校高等部校長。母語・継承語・バイリンガル教育学会名誉会長。バイリンガル・マルチリンガル子どもネット代表。複数言語の環境で育つ子どものことばの発達とアイデンティティの問題に取り組んでいる。

　私はもともと日本語教育と英語教育の両方を学んでいて、とくに子どもの言語教育に興味をもったことから、カナダで研究生活を送ってきました。ご存じのようにカナダは英語とフランス語、ふたつの公用語があり、州によってカリキュラムに違いはあるものの、小学校から二言語に堪能な人を育てる教育（バイリンガル教育）がおこなわれています。また毎年35万人以上の移民・難民を受け入れる移民大国であり、マイノリティのための言語教育や母語・母文化補強教育についての研究・実践の蓄積があります。

　ここでは、保護者の母語が日本語でない子どもたちに関わる先生方に、言語教育の立場からぜひ知っておいていただきたいことをお話ししましょう。

母語はひとつとは限らない

　人が生まれて初めて身につけ、今でもいちばん強いことばを母語といいます。ほとんどの日本人にとって、母語は日本語です。では、外国人を親にもつ子どもの場合はどうでしょうか。

　「ふたつのことばを同時に教えると子どもが混乱する」「負担が大きい」「学力が下がる」と、かつては思われていました。また、「ここは日本なのだから、学校の授業は日本語だから、まず日本語を」ともいわれます。つまり、ことばはひとつにすべきというわけです。しかし世界的に見ると、ひとつのことばだけで生きる人よりも複数の言語を使う人のほうが多いのです。また、言語形成期といわれる生まれてから15歳ごろまでの子どもには、複数の言語を自然に習得する高い能力が備わっていることもわかっています。

　国際結婚の場合は、両親それぞれのことばが子どもの母語になりえます。母親がドイツ語、父親がイタリア語というある国際結婚の家庭で、7歳の子に「あなたの母語は？」と尋ねたら、しばらく考えて「母語はドイツ語で、父語はイタリア語」と答えたというエピソードがありました。両親ともに外国人の子どもが日本で育つ場合は、両親それぞれのことばに加え日本語も母語になる可能性もあるのです。

母語が育つともうひとつのことばも育つ

　母語がしっかり育つと、もうひとつの言語も伸びるという氷山説を唱えたのはトロント大学のジム・カミンズです。表層面に現れる言語は別々であっても、深層にある見えない部分（認知・学力面の言語力）は共通していて、言語1で学んだものは言語2でも使えるという説です。この仮説はその後、さまざまな研究で実証されてきました。

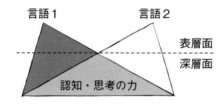

図1　氷山にたとえた二言語相互依存説

(Cummins, J. & M. Swain〔1986〕*Bilingualism in Education*. New York: Longman. p.83 より作成)

　私がおこなったトロント補習授業校での読みと語彙（ごい）と会話の調査でも、カナダ入国時の年齢と滞在年数によって英語力の伸び方には一定の傾向が見られ、日本語の読み書きを身につける前に海外に出た子どもは、滞在年数に比して英語力の伸びが緩やかなのに対し、日本語での読み書きの基礎ができていた7〜9歳ごろ海外に出た子どもたちは、英語力が伸びるのも早いという結果でした。母語の会話力・読み書き能力を土台に、英語をよりよく習得できることがわかります。

　外国につながる子どもの日本語が、ほかの子たちよりもおそい、語彙が少ないなどと思われるとき、「子どもの日本語を伸ばすには家庭でももっと日本語を」と助言すべきか迷うことがあるかもしれません。しかし、しっかりとした母語の基礎があるほうが、長期的には日本語力も伸びていきます。外国人保護者には「家庭では母語でいい、母語でたくさん話しかけて」と伝えるほうがいいでしょう。

親にとっても母語が大事

　私自身、カナダで子どもを産み育てましたが、もし英語で子どもに話さなくてはならなかったら、言いたいことの半分も言えなかったと思います。子どもへの声かけや子守歌・昔話に始まり、教えたり諭したり、冗談を言ったり、けんかをしたり議論したりするのは、第二言語ではむずかしいものです。母語で子育てすることは、親にとってもとても大事なのです。

　また子どもは、親からのことばかけから母語を身につけていくと同時

に、母語を通して、ものごとの善し悪しや行動規範・価値観を身につけていきます。母語は、コミュニケーションのツールであると同時に、子どもの人間形成のうえで、その子のルーツとなるものです。だからこそ、親子の関係をしっかりつくるという面からも、家庭で母語で子育てをすることを応援してほしいのです。

生まれたときから始まることばの形成過程

次に、ことばがどのように育っていくのかを見てみましょう。

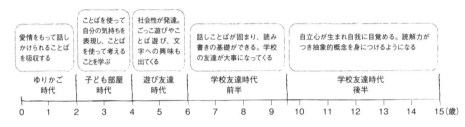

（中島和子『言葉と教育』海外子女教育振興財団、『バイリンガル教育の方法』アルクより作成）

図2　年齢と母語の形成

0～2歳の「ゆりかご時代」は愛情をもって話しかける親や周囲の人のことばを聞き分け、ことばを吸収する時期です。ことばと同時に、話し手の声の調子や表情、匂い、身のこなしなどをトータルに受け入れていきます。

2～4歳の「子ども部屋時代」は、ことばを使って自分の気持ちを表現し、ことばを使って考えることを学ぶ時期です。身近な人とのコミュニケーションを通じて、日ごとに語彙が増えていきます。

4～6歳の「遊び友達時代」は社会性が発達し、子どもの集団生活のなかでごっこ遊びなどもできるようになる時期です。ことばの分析力がつき、しりとりなどのことば遊びをし、文字にも興味が出てきます。楽しい絵本や物語から世界を広げ、想像力や価値観を身につけて、文化の担い手として育ちはじめます。

6歳からの「学校友達時代前半」は小学校に上がって、話しことばが固まり、読み書きの基礎ができる大事な時期です。だんだん友達も大事になっていきますが、まだ親子の関わりがとても大切です。

9歳ごろからの「学校友達時代後半」は自立心が旺盛になり、読解力がついて抽象的な内容のものも読めるようになります。やがて思春期に向けて、親との関係よりも教師や友人の存在がずっと大きなウエートを占めるようになります。

母語と日本語は「使い分け」で

　このように、ことばは人との関わりの中で育っていきます。このとき、複数の言語で育つ子どもには、相手によってことばを区別して使い分ける習慣をつけることが大切です。保護者との間では母語を使い、保育者や友達との関わりの中で日本語を使うという分担ができれば申し分ありません。このような使い分けの環境で育つと、子どもは話し相手がいちばん楽に話せる言語を瞬時に見極めて、ことばを切り換えることができるようになります。

　ただ、親が努力しさえすれば母語が育つわけではないことは知っておく必要があります。カナダやオーストラリアの大がかりな調査では、移民の母語はだいたい3代で消えると言われてきましたが、最近では、何も手を打たないと母語は1代で消えてしまうと言われています。外国生まれの親（一世）は母語で子育てできますが、現地生まれの人が親になったときは、現地のことばのほうが強い言語になるからです。ですから、両方の言語に触れて育つ二世児を育てることは、その言語のコミュニティの存続のためにも大事です。

　実際、海外で子育てする日本人も、日本語や文化の維持のためにさまざまな努力をしており、世界52か国に205校ある補習授業校の存在も、大きな助けとなっています。運動会や始業式などを通して日本の学校文化を学ぶこと、また日本の教科書で学ぶという学習面の補足だけでなく、同年齢の仲間と日本語を使う機会があること自体が、子どもたちにとって母語を使う動機づけになるからです。

生活言語と学習言語

　図2では、どのような人間関係の中でことばを用いているかで言語形成期を分けて見ましたが、今度は、子どもの言語発達の内容を見てみましょう。

　言語形成期は、前期と後期に分けることができます。前期は基礎の時代で、対話を通して母文化を習得しながら読み書きの基礎を身につけていきます。後期は応用の時代で、それまで身につけた力を使ってさまざまな教科を学びます。この前期と後期の境目にあるのは、通称「9歳の壁」といわれるもので、具体的なものの理解から抽象的なものの理解へと、大きなジャンプが必要であることを意味します。たとえば、「親切」のように漢字を重ねた抽象的な語彙は、小学校3年生ごろからぽつぽつ習いはじめ、それがぐっと増えるのが5、6年生なのです。

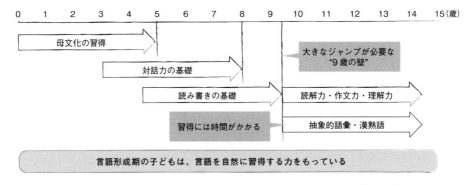

図3　言語形成期の子どものことばの発達

（中島和子作成、2019）

　外国につながりのある子どもたちの中に、とても 流 暢 に会話ができ
るにもかかわらず、小学校高学年になると学習不振におちいってしまう
ケースがあることは、以前から問題になってきました。それは、この日
常会話の言語から、教科書やテスト問題などに出てくる学習の言語への
ジャンプができずにいると理解することができます。図3でもわかるよ
うに、生活言語が比較的容易に身についていくのに比べ、抽象的な語彙
や漢熟語といった学習言語を身につけるのは、ずっと時間がかかりま
す。まして、それを習いはじめたばかりの日本語でやり遂げるには、保
護者と周囲とのよりいっそうの配慮や支援、そして母語による下支えが
必要なのです。

母語はアイデンティティにつながる

　ところで、母語の大切さは、学習のためだけではありません。
　だれでも経験があるように、子どもは成長するにつれて、親より友達
のほうが大事になっていきます。ことばについても、親の母語よりも園
や学校の友達が使うことばのほうが大事で、使いたいことばになってい
きます。すると、親が母語で話しかけても、子どもは現地語で答えると
いうことが起こってきます。
　とくに外国生まれで日本語が不自由な親の場合、母語を手放してしま
うと、思春期以降、たとえばいじめやこころの問題、進路や恋愛、受験
や就職などの大事なことを親子で話し合うことがむずかしくなるという
問題が起こりえます。
　親子のあいだで通じ合うことばがないと、家庭で仲間はずれになり、
子どもにとって家が憩いの場にならず、そのためにアイデンティティが
ゆらぐことにもつながります。一方、学年があがり授業がだんだんむず

かしくなると、学習言語が学年相当のレベルに届いていない場合、学校でも居場所ができないというダブルパンチを受けてしまう可能性もあります。

　家庭で家族の一員としてのアイデンティティがしっかり育つためにも、母語を大事にすることは必要不可欠なのです。

つながり作りという園の役割

　乳幼児期からの言語発達と、外国人の場合の子育ての課題がわかると、社会の側がなすべきこともはっきりしてくるのではないでしょうか。

　園では、外国人保護者の家庭での母語での子育てを応援すると同時に、少数派である外国人保護者が孤立しないよう、人と人とをつなぐことができます。地域の外国人コミュニティや外国人支援団体などの社会資源につなげることも、大きな支えになります。

　また、日本人保護者との関係づくりも大切ですね。言語や生活習慣が異なるとしても、お互いを知り、子育て仲間として声をかけあえるような雰囲気づくりをどうぞ心がけてください。

外国の絵本の読み聞かせをクラスでも

　外国人保護者に園に来てもらって、出身国の絵本などを読んでもらうのもいいでしょう。母語での読み聞かせをみんなといっしょに味わうことは、その子にとって格別の機会です。「あのことばがわかるの？　すごいね」とみんなから認めてもらうこともできます。日本人の子どもたちにとっても、日本語と違うことばの響きや物語に触れることは、大きな刺激になります。私も、カナダの保育園で「日本語の絵本をもってきてみんなの前で読んで」と言われて、『ぐりとぐら』*を読んだことがありますよ。

　教育学では、教師がクラスで取り上げることは、それだけで大きな影響力があるといわれています。教師が取り上げたものは、みんなが「あっていいもの」と受けとめるからです。これはことばに限りません。権威ある人が取り上げることそのものが、ほかの人と異なるものをもっていることに価値があるというメッセージになるのです。

　外国人保護者の知っているお話をもとに絵本を作った地域もあります。多様なことば・文化に触れてわくわくと心がうごく機会をたくさん作っていきましょう。

*
『ぐりとぐら』
さく・なかがわりえこ
え・おおむらゆりこ
福音館書店、1967年

ことばを育てる環境を豊かに

　見てきたように、学習言語の習得の準備は、幼児期から始まっています。

　とはいっても、幼児期から詰め込み式のお勉強が必要ということではありません。子どものもつ自然習得の力が発揮できるよう、言語が育ちやすい環境を作ればいいのです。それには双方向の、対話的な会話の質が大きく関係します。

　相手を認め、意見を聞くという保育者の姿勢、楽しい絵本や物語を読んで聞かせること、そのお話について話し合うことがとても大切です。読み聞かせでは、クラスみんなを前にして読むだけでなく、少人数に分けて読むなど、方法も工夫してください。幼児期は、一対多では自分とは関係ないと思ってしまう子も多いのです。たまには膝に乗せて個別に絵本を読むなど、スキンシップも有効です。

　環境問題や紛争・難民問題など、人々が知恵を集めてグローバルに対処すべき課題は山積しています。日本人もことばの壁を乗り越えて、世界中の人たちと力を合わせて解決にあたる時代です。

　日本の中も、国際結婚や定住外国人の増加で、すでに多種多様なことばと文化をもつ人びとが暮らしています。また、そもそも日本人と外国人と単純に分けることもできません。日本で育つすべての子どもたちの日本語と多様な母語、どちらも大切であることは言うまでもないことです。子どもたちのもつ力を信頼し、本物にふれる環境を整えてことばを育てることは、保育者の大きな役割です。

参考になる本
中島和子『言葉と教育——海外で子どもを育てている保護者のみなさまへ』海外子女教育振興財団、1998年
中島和子『完全改訂版　バイリンガル教育の方法——12歳までに親と教師ができること』アルク、2016年

外国人保護者に「日本語でつたえるコツ」

社会福祉法人 大阪ボランティア協会元『日本語でつたえるコツ』広げる委員会

外国人保護者の日本語レベルはさまざまで、日本語がよくできる人ばかりではありません。日常会話ができても、子育てや保健の用語がわからない人も多いですし、お知らせ文が読めない人もいます。また、家族や友人が「通訳」してくれても、実際にはきちんと伝わっていないこともあります。一方、さまざまな国の人が来日していて、そのすべての言葉に通訳が対応するには限界があります。いったい、どうすればいいでしょうか。

日本在住の外国人のうち、英語がわかる人は約4割、簡単な日本語がわかる人は6割以上だといわれています[*1]。通訳できる人がいないときは、"日本語"を使うのが実際的です。

ただし、日本人同士がふだん話している日本語をそのまま使うのではなく、外国人向けの「やさしい日本語」を"意識的に"使うことが重要です。

*1
国立国語研究所「1.6 日常生活に困らない言語」『生活のための日本語』に関する調査研究』2009年5月20日刊行

「やさしい日本語」の有用性

「やさしい日本語」とは、簡単な文型・やさしい単語を使う日本語のことです。1995年の阪神淡路大震災のとき、命にかかわる大切な情報を外国人にうまく提供できなかったという反省から、2005年に弘前大学の佐藤和之教授が中心になって提唱され、広まりました。

例えば、「津波が来ますから、直ちに高台に避難してください」という表現だと、外国人に伝わりにくいです。しかし、「大きな波が来ます。すぐに高いところに逃げてください」と言うと、多くの人に理解してもらえます。当初は災害時の表現が主でしたが、近年は自治体などで日常の情報提供にも使われるようになっています。

「やさしさ」のレベルは、単純な文法と2000語程度の語彙、250〜300字の漢字（小学2、3年生ぐらい）を使うのが目安です。語彙と文法が限られるので、どんなことでも伝えられるわけではありませんが、ある程度のことは伝わります。コツさえわかれば、すぐに使っていただける有効なツールだと思います。

園の先生方は日ごろから、やさしい言葉や簡単な表現で子どもたちに話すことに慣れておられることでしょう。ただ、保護者に対しては、事

故・安全・行事・手続きなど、難しい内容を伝えなければならないので、どうしても難しい単語や複雑な表現を使いがちです。しかし、それでは伝わらないので、難しい内容のときにも、意識的に「やさしい日本語」を使うことが大切です。

「やさしい日本語」で伝えるコツ

ここでは、社会福祉法人大阪ボランティア協会が発行した『多文化子育て支援ガイドブック 日本語でつたえるコツ〜外国人保護者と子育て支援に関わる人とのより良いコミュニケーションのために〜』[*2] の中から、いくつかのポイントをご紹介します。

どんな日本語がわかりやすいかは相手によって違います。以下のことを参考に、現場で必要な工夫をしていただければと思います。

*2
2013年9月に発行したこの冊子は、子育て支援に特化した「やさしい日本語」についてのもので、子育て現場での実例や当事者の声を多数掲載している。当協会のホームページHPから無料でダウンロードできる。
http://www.osakavol.org/08/multicultural/guidbook.html

情報の伝え方

❶ズバリ本題に入る
通知文では、時候のあいさつのあとに、相手の近況を尋ね、日頃の協力への感謝を述べ、そのあとで本題に入ることが多いですが、形式的な文言は省いて、すぐに本題に入ります。

❷情報を取捨選択する
情報が多いと何が大切かがわかりにくいので、そのとき、最低限必要な伝えるべき情報に絞ります。

❸伝える順番を考える
何についての話なのか、キーワードを先に伝えます。時間の流れがある場合は、時系列にします。行動する順番に述べると、わかりやすいです。

文化面での配慮

❹「日本の常識」を前提とした言い方はしない
「〜にふさわしい○○（服装／態度／行動）」など、「日本では常識」でも文化・習慣の違う国から来た人にはわかりません。

❺省略やあいまいな表現はやめて、はっきり言う

保育園のお昼寝用のシーツが汚れたので、お迎えに来たお母さんに「シーツが汚れたので持って帰って、明日持ってきてください」と言って渡したら、翌日汚れたまま持って来られました。「洗って持ってきてください」と言えばよかったと反省しました。

❻背景知識・事情の説明をする

目的や理由を説明すると、理解・協力してもらいやすくなります。また、「日本の文化を押し付けようとしている」とか「私の国の文化を否定しようとしている」と誤解されることを防ぐことができます。

単純な構造の短い文にする

❼主語と述語を１つずつ含むだけの簡単で短い文にする

１つの文で１つの情報を伝えるようにし、短い文をつなげていきます。情報がたくさんある場合は、番号をつけたり、箇条書きや表にします。

〈例〉自転車は道路に止めずに、自転車置き場に入れてください。

→　自転車は自転車置き場に置いてください。
　　道路に止めないでください。

❽「誰が」「誰に」「何を」をはっきりさせる

主語や目的語を省略した言い方は、誤解されることがあります。

〈例〉Ａちゃんに絵本を取られたので、怒ってたたいたんです。
　　（誰が誰をたたいたのか？）

❾修飾語を短くする

修飾語が長いと、主語・述語がわからなくなります。修飾語が長くなるときは、文を分けます。

❿単純な動詞を使う。複雑な動詞の形は避ける

「～（ら）れる」「～（さ）せる」「～ておく」「～てみる」「～てくる」等は、難しい表現です。「駆け上がる」など動詞が組み合わさった形もわかりにくいです。

外国人のお母さんに「子どもさんが保育園を休むときは、必ず電話してきてくださいね」と言ったら、「えっ、電話して来るんですか？ 休むときは保育園に来ません」とおっしゃいました。

⓫なるべく肯定形を使う

否定形は、「食べません」「行きませんでした」などの単純な文だけを使います。複雑な否定形は使いません。

〈例〉・いっしょにしませんか？（否定形の勧誘）

　　　→　いっしょにしましょう。

　　　・食べられないことはない。（二重否定）

　　　→　食べられる。

⓬文末表現は単純にする

依頼のときは「〜ください」を使います。禁止には「〜しないでください」や「〜てはいけません」を使います。また、体言止めはやめて、述語をはっきりさせます。

〈例〉・ご参加いただきますようお願いします。

　　　→　参加してください。

　　　・〜はご遠慮ください／〜は避けてください。

　　　→　〜しないでください。

　　　・手洗いとうがいを！

　　　→　手を洗って、うがいをしましょう。

⓭尊敬語・謙譲語はわかりにくいので、使わない

「〜です」「〜ます」の表現と表情や態度で、敬意は十分伝わります。

やさしい単語を使う

⓮わかりやすい言葉を使う

子育てや母子保健の言葉は、外国人にとって学ぶ機会が少ないです。相手がわからないようなら、別の一般的な言葉に言い換えます。

〈例〉・気長にしつけてください。

　　　→　できるまで何回も言ってください。

　　　　　子どもができるようになるのに、時間がかかります。

⓯熟語や凝縮された表現は避ける

〈例〉・熱湯　→　とても熱いお湯

　　　・乳幼児　→　赤ちゃんと小さい子ども

　　　・使い慣れた　→　いつも使っている

　　　・育休

　　　　→　育児休暇（子どもを育てるために、しばらく仕事を休む）

⓰カタカナ語の使用はなるべく避ける

カタカナ語はもとは外来語ですが、発音や意味が日本化しているので外国人は混乱します。ただし、バス、スーパー、コンビニなどすでに日本語になっている言葉はそのまま使います。

〈例〉ハンドタオル　→　小さいタオル

⓱擬音語、擬態語、幼児語の使用は避ける

〈例〉・首がぐらぐらする。

　　　　→　首がしっかりしていない。ぐらぐら動く

　　　・もう、へとへと　→　とても疲れた

　　　・ばっちい　→　きたない

⓲よく使われる言葉や覚えてもらいたい言葉は、説明してそのまま使う

最初に、実物・絵・写真を見せる、翻訳ややさしい言葉で説明するなどします。

 入園時には準備物がたくさんありますが、言葉だけではわかりにくいので資料それぞれに写真を入れています。日本人のお母さんたちからも好評です。デジカメとパソコンで比較的簡単に作れるし、一度作っておくと毎年使えます。

⓳年月や時間の表し方に注意する

西暦を使います。時刻は「午前・午後」や「朝・昼・夜」を使って12時制で表わします。

〈例〉14時　→　昼の2時

 外国の人と「14時」に会う約束をしたのですが、なぜか「4時」だと思っておられました。

話すときに気をつけること

・ゆっくり、はっきり話す。大きい声は必要ない。
・方言や話し癖に注意する。
・同音の言葉はなるべく避ける。
〈例〉髪、紙　→　髪の毛、白い紙
・重要な情報は口頭で説明のうえ、紙に書いて渡す。
・日時など重要なことは復唱してもらう。

書くときに気をつけること

・手書きの場合は、楷書でていねいに書く。
・難しい漢字は使わない。また、漢字には必ずひらがなでルビを振る。
・記号は、世界共通とは限らない。
〈例〉5／3は、日本では5月3日だが、3月5日の国もある。
・書いたものを渡した場合でも、口頭でポイントを伝える。

さいごに

　翻訳・通訳アプリを使うときや通訳者を依頼するときも、「やさしい日本語」を使うと翻訳しやすい、誤訳が防げるというメリットがあります。
　また、私たちが「やさしい日本語」を使うことで、外国人保護者は「日本語がわかった」という達成感を得ることができます。その積み重ねが、外国人の日本語習得を促進し、ひいては地域での暮らしにプラスになることでしょう。そういう意味でも「やさしい日本語」を使っていただければと願っています。

　当協会では、『多文化子育て支援ガイドブック　日本語で伝えるコツ』を使ったワークショップを各地で実施しており、アンケートで次のようなお声をいただいています。
・外国人と接するとき、前もって読んでおくと気をつけることが良くわかり、トラブルを少しでも削減できる。(保育士)
・相手がどのように捉えているかを知ることができ、伝え方を改めて考えることができた。(保健師)

第 3 章

外国人保護者支援の
実際

多文化化の進んでいる地域では、
どのように保護者支援をしているでしょうか。
意思疎通の手立て、文化・生活習慣のちがいや
宗教上気をつけること、食の工夫など、
そして小学校との連携の重要性を取り上げます。

伝わるまでのプロセスも楽しむ気持ちで

横浜市北上飯田保育園（神奈川県横浜市泉区）

お話：宇佐美明子（北上飯田保育園園長）
　　　三科優子（北上飯田保育園主任）

園のプロフィール
設立：1971年
定員：77名（0歳〜5歳）
2019年度はベトナム、日本、中国、カンボジア、ラオス、ブラジル、ペルー、パキスタン、バングラデシュの子どもが在籍。
職員：園長1名、保育士24名（嘱託、アルバイト含む）、調理5名（アルバイト含む）

県営いちょう団地に隣接する北上飯田保育園は、定員77名の公立保育園です。ベトナム・中国・カンボジア・パキスタンなど、さまざまな国にルーツをもつ子どもたちが多数在園しており、その割合は現在約80パーセント。背景には、隣の大和市にインドシナ難民の定住促進センターがあり、1980年代からベトナム・ラオス・カンボジア出身の難民の方々がいちょう団地に定住するようになったこと、隣接する地域に外国人労働者の働ける職場が多いことなどがあります。中国残留孤児やその家族・親族も来日し、多数この地域に住んでいます。

定員の大きな部分を外国にルーツをもつ子どもたちが占めるようになって約30年、多文化保育や外国人保護者支援の長い経験とノウハウがあります。

あいさつはお国の言葉で

保育はすべて日本語で行います。外国にルーツのある子にとっては、日本語にふれる場が保育園です。ただ、あいさつだけはできるだけみんなの国の言葉で言おうと、保護者に教えてもらいながら、あいさつの言葉を集めて幼児クラスなどいろいろなところに掲示しています。子どもたちはすぐに覚えて、口にできるようになります。

保護者の方にも、あいさつだけでもお国の言葉でこちらから声をかけるようにしています。安心してお子さんを預けてほしいという気持ちをこめています。日本語の理解がむずかしい祖父母が送り迎えをする家庭もあります。来日当初は緊張されていたのが、少しずつ慣れて、私たちのあいさつに「ジョウズニナッタネ」と言われたり、道で「コンニチハ！」と言葉を交わしたり、距離が近づきます。

関係機関と協力して多言語対応を整備

　入園時の書類には、中国語・ベトナム語・カンボジア語・英語版の説明文を用意しています。泉区には現在、ベトナム語と中国語の通訳の方がいて、定期的に来園するので、面談時の通訳や文書の翻訳を依頼。職員にも現在、中国やカンボジア出身者がいます。

　保育現場での通訳は、その言葉ができることに加え、子どもの発達や健康、保育、その地域の外国人保護者の生活事情などをわかってもらっていることが望ましいです。北上飯田の通訳の方々は保育もよく理解していただいて、とても頼りがいがあります。面談ではそんな通訳さんを交えて、書類を一つ一つ確認しながら、保護者が日本語が書ける場合は書いてもらい、ときには職員が聞き取って書き込みながら、家族構成や職場の状況、使用言語、子どもたちの健康面・アレルギー、宗教上食べられないものなどを確認します。

　もちろん、初めからこうした対応ができたわけではありません。最初は区役所からの書類のカタカナの名前を見て、どこの国の人なのかもわからずに入園説明会を迎え、四苦八苦しながら面談をしていました。出身国や使用言語などの聞き取りを区に依頼することから、子どもたちが安心して園で生活できるようボランティア通訳の人を探す、保護者に伝わるよう掲示物を工夫するなどの努力しました。また、市や区の担当者にも現状を見に来てもらい、多言語整備の必要性を共有してきた歴史があります。現在も市・区の担当者には度々園に足を運んでいただき、各々の立場でできることを率直に話し合える関係を築いています。

地域の通訳どう探す？
行政に通訳派遣の事業があるかまず問い合わせを。依頼のしかたや料金なども確認しましょう。地域に国際交流協会や国際交流団体があれば問い合わせるといいでしょう。

ダウンロードできる多言語資料
公益財団法人かながわ国際交流財団では「外国人住民のための子育て支援サイト」に、児童調査票(10言語)や、入園のしおり(9言語)を公開しています。防災や学校生活向けの多言語資料等も利用できます。

体調を把握する方法もひと工夫

　体温を測ることは、私たち日本人にとっては身についた行動ですが、どこの国でもそうとは限りません。また、人によっては連絡帳による文字でのやり取りがお互いに困難なこともあります。

　そこで、子どもの体調や熱の有無、排泄、睡眠の様子を聞き取るための多言語の指さしシートを作成しています。登園時に聞き取って台帳に記録し、体温計をもっていない家庭には、使い方を伝えながら、しばらくは園で一緒に測ります。０歳児クラスはお迎え時には、その日の体調をイラストつきの連絡票に記入して保護者にお渡ししています。

徐々に伝える「体温計の必要性」
日本に来て間もない時期や入園したてのころは、園でできることはカバーして。でも、日本の小学校に進学するつもりなら、「体温計はずっと使うから、お家にもひとつあるといいね」と伝えています。

宗教食はアレルギー対応に準じて

　宗教食については、入園時に食べられないものを伺い、市の「保育所におけるアレルギー対応マニュアル」に準じて、除去などで対応します。豚肉のかわりにツナを、コンソメは和風だしなどの対応をしています。

　ただ、たとえば同じイスラム教徒でも、どのくらい厳格かは家庭によって違うことから、その年にいちばん厳しい除去が必要な子に合わせることを同じ宗教の家庭に理解していただいています。

　アレルギー食も多種にわたることから、園の調理員は多く配置されています。

**毎日顔を合わせる今が
情報共有のチャンス**
小学校に入ると送り迎えがなく保護者とのコミュニケーションの機会がもちにくくなります。毎日朝夕顔を合わせることのできるうちに、母国の文化を尊重したうえで、日本での生活に必要な情報を伝えています。

水筒は中身も知らせて
水筒持参といえば、中に水やお茶を入れて持っていくものと、日本人保護者ならわかるかもしれません。
外国人保護者はちがいます。空のすいとうだけを持ってくることや、ジュースやスポーツドリンクを入れてくることもよくあります。お茶というとカフェインの入ったお茶をイメージする人もいるので、「麦茶や水を入れた水筒を持ってきて」と、具体的にお願いをします。

文化のちがい、どうする？

　さまざまなルーツの子どもたちがいるので、食文化の違いを感じることは多いです。たとえば3歳ごろまでほにゅう瓶でミルクやジュースを飲ませる、おかずをご飯に混ぜて食べるなどです。でも、各家庭のやり方を頭から否定することはしません。

　ただ、日本の場合は主食とおかず、汁物と分けて盛り付け順序よく食べることや、お茶わんやおわんを手にもち、おはしを使うなどのことを、給食サンプルを示しながら、保護者にお伝えします。「これから日本の小学校・中学校に進むつもりだったら、少しずつ日本の食事にも慣れていけるといいね」と、コミュニケーションをとるなかで、少しずつ理解してもらえるようにしています。

1日の様子はカードで伝える

　お迎えのときに、その日の様子を保護者に伝えるのにも、多言語シートが活躍します。

　誕生会や水遊びなどの定番の報告は、シートを用意して部屋に掲示します。食事の量や体調・ケガなどの連絡は一人一人個別にお伝えします。

　特別な持ち物なども、写真やイラスト入りのシートや、ときには実物も置いておき、確実に伝わるようにしています。

誤解はつきもの

　お弁当という文化自体がない国も多いことから、当園ではお弁当を作っていただくのは、年長クラスのお別れ遠足の１回のみ。今では、コンビニ弁当も豊富ですし、スマートフォンもあるのですぐにいろいろ検索して、お弁当をイメージしやすくなりましたが、むかしはほんとうにたいへんでした。

　お弁当を説明するのに、おにぎりやおかずを、折り紙で作って一つ一つ保護者に見せながら、説明したことがありました。ご飯をにぎってね、ノリをつけて、おかずはなんでもいいよ、これは卵焼きね、ソーセージがあったら炒めて、お弁当箱に入れて……。「ワカッタ」「ダイジョウブ」と答えてくれて、翌日ちゃんとお弁当を作ってきてくれたんです。「わ、できたの？　すごいね」フタを開けたらなんと全部折り紙！　そのときはほんとうにびっくりしました。

　お互いの言葉が十分できない相手と、物事を正確に伝え合うのはほんとうにたいへんです。でも、こうすると子どもたちが喜ぶよ、こうすると子どもが元気に楽しく育つよということを、一生懸命やってくれるその素直さは、どこの国の人も同じです。十分にはできない人がいても、できることを見つけて、できることはやってもらう。文化の違いは受け入れて、目の前の保護者が必要としていることを見きわめて支援していけばいいのかなと思います。

> びっくりすることはたくさんあっても、
> 一生懸命子育てしている姿は同じ。
> どうしよう、どうして伝わらないんだろうと最初は悩んだけれど、
> どう工夫したら伝わるか考えればいいだけと思えたら、楽しくなりました。
> 毎日、わくわくがいっぱいです！

園内研修で国調べ

　園にいる子どもたちの出身国のことを調べる取り組みを園内研修でやっています。グループを作って調べたことを模造紙にまとめ、発表をするのですが、とても楽しいですよ。インターネットや図書館でその国の地理や歴史、人口、気候や文化、社会状況などを調べたり、保護者に子どものころの遊びや歌を教えてもらったりします。

　模造紙を園内に貼っておくと、私たちが興味をもっていることが伝わって喜んでもらえます。保護者同士も自分の国と似ていることや共通点を発見してくれたり、写真を見て新しい情報を教えてくれたりします。

　理解が広がったり深まっていくことそのものに、とても意味があると感じています。

「一人一人によりそう」基本は同じ

つくば市立桜南幼稚園 (茨城県つくば市)

お話：宮本由美子 (桜南幼稚園園長)
　　　亀村真澄 (桜南幼稚園主任)

園のプロフィール
設立：1978年
園児数：40名 (4歳〜5歳)
2019年度はフィリピン、韓国、インド、パキスタンの子どもが在籍。
職員：園長1名、幼稚園教諭3名、加配教諭2名、バス運転手1名、添乗ほか庶務2名 (パート含む)

　つくば市立桜南幼稚園は40年余の歴史のある公立幼稚園です。1960年台から大学や研究機関が集まって開発が始まった「筑波研究学園都市」にあり、海外から来る研究者や留学生も多く、開園当初から外国人家庭の子どもが在籍するのが当たり前でした。

　計画的に整備された都市であることから、幼稚園には広々した園庭があり、木々が連なる公園とも隣接しています。自然に親しみ、その恵みを活かし、子どもたちは興味をもったものを本で調べたり、工作に使ったり、じっくりと探求する時間を過ごしています。

　多様な文化をもつ人がともにいることは当然の園ですが、園内はごくふつうに日本語だけの環境です。園の外国人保護者支援は、多くのボランタリーな力に支えられてきました。

保護者会に「英訳ボランティア」

　研究学園都市という市の成り立ちから、外国人の子どもがいるのと同様に、日本人の保護者で海外生活の経験がある方が多いのも当園の特長です。言葉や文化のちがいに苦労し、身近な人に助けられた経験があるからでしょうか、外国人保護者が困りそうなことによく気がついて手をさしのべてくださいます。

　たとえば、園の保護者会には「英訳ボランティア」があります。毎年必ず何人かの英語に堪能な保護者が、お手紙の翻訳を買って出てくださいます。どこの国から来た人もだいたい英語ができるので、言語は英語のみ。このボランティアのおかげで、実は園では、お手紙の翻訳をしたり、ふりがなをふったりせずにすんでいます。

お役立ち「おさがりボックス」
来日してすぐの場合など、外国人保護者にとって、通園カバンやスモック、体操シャツやズボン、上靴、袋物などの持ち物をそろえるのはたいへんです。そんなときには、「おさがりボックス」から必要なものを使っていただきます。卒園時に、次の方へ譲ってくださいと置いていってくださる品々をストックしているのです。また、秋のバザーと入園説明会の際には、保護者の手作り品の販売があります。

34

わからないを前提に、直接伝える

　言葉を翻訳できても、習慣や文化がわからないと意味がわからないことも多いです。お手紙はわからないことが前提です。

　その分、直接コミュニケーションをとります。ふだんと違う予定があるときや持ち物などは、お迎え時に必ず外国人保護者に声をかけて説明します。たとえば、夏祭りには園からおそろいのハッピを配るのですが、帰りに必ず「明日は、何時に、このハッピを着せて、幼稚園に来てください」とお手紙を見せながら伝えます。職員は少し英語が話せる程度なので、もしいれば英語のできる日本人保護者に通訳してもらいながら説明。そうでない場合は、身振り手振りに翻訳アプリも活用します。

　外国人保護者からの質問も日本人保護者がとりついでくださいます。ただ、発達についてなど、配慮の必要なことがらについては、保護者ボランティアに通訳をしてもらうことは控えます。

家庭訪問で「おもてなし」

　年度初めの家庭訪問は、園として「お茶は不要」というルールで実施していますが、外国人家庭のなかには、ごちそうを用意してもてなしてくださる方も多いです。そのような場合は、まわる順番をいちばん最後にして、お受けします。

　ご家庭の様子がわかり、スパイスが特徴的なお料理や手で食べる食文化を体験する機会になるなど、保育者として得るものが多いです。子どもたちも、先生が来てくれたと喜んでくれます。保護者との関係も深まるので、できるだけていねいに関わっています。

職場からのサポートも
留学生の研究室や研究所にはお世話役の方がいて、電話で問い合わせしてきてくれたり、入園申請などのときに同行してくれることも多いです。
同じ国出身の方を通訳として連れてきてくださる保護者もいます。また、わからないことを聞くことのできる地域の国際交流の団体もあるようで、私たちとしても助かっています。

食育の取り組みをユニバーサルに

　給食は、アレルギー対応と同様で、入園申込時に、給食対応調査票に記入してもらって把握します。献立表は英語と併記したものをお渡しして、食べられない日はお弁当を持参していただいています。子どもたちは、何人かのお友達が給食でなくお弁当を食べることを、当たり前と受け入れています。

　ところで、当園では、自分たちで育てて収穫したジャガイモを調理して、カレーにして食べるという取り組みをしていました。これを2017年から、ポテトサラダパーティーに変更しています。

　それまで、宗教上お肉が食べられない子がいる年は野菜カレーを作っていました。アレルギー対応の卵なしマヨネーズが商品化されたことから、カレー以外のメニューも検討してみては、ということになりました。

　そこで、食べられない子がいるけどどうしようか、と子どもたちに投げかけ、ジャガイモのお料理を出し合いました。肉じゃがとか、フライドポテトとか、いろいろな料理が出てきたなかで、園で子どもたちと調理できるものということで、ポテトサラダになったんです。

　枝豆やコーンも入れて、とてもカラフルでおいしいポテトサラダになり、みんなでいっしょにおいしくいただきました。

取り組みの意味を深めるチャンス

　多様な文化の子どもたちを受け入れるとき、これまでやってきたことを変更しなくてはいけないことも出てくることがあります。例年通りにできないと手間はかかりますが、自分たちはなにを大事に、どういう保育をしていきたいのかを考えるいいきっかけになります。

　宗教に限らず、さまざまな個性・特性をもった子がクラスにいるときに、去年と同じじゃなくて、クラスとしてなにを大事にしていくか。一人一人違いのある子どもたちにどんなことを経験させたいか、みんなが楽しめるやり方はないか、いろいろな角度から検討してみるといいと思います。保育者としては悩みであっても、子どもたちはお互いに自然に理解していきます。

ラマダン（断食月）と園行事

　ラマダンとはイスラム暦の第９月のこと。この月は日の出から日没まで飲食を絶つことで神の存在を意識し、イスラム教徒としての連帯感や他者への思いやりを呼び覚ます機会とされています。子どもや高齢者、病気や妊娠中の人は対象外なので、園の生活で意識することはあまりなかったのですが、ある親子遠足の際に、お弁当を食べていない保護者がいらした。園からのお手紙が読めずにわからなかったのかと思ったら、実はラマダンの時期だったんです。

　行事の時期に配慮できればよかったとも思いましたが、ラマダンの時期は毎年ちがいます。ラマダン明けに親戚に集まってお祝いをしたり、家族で旅行に出かけるなどの習慣もそれぞれです。どのようなことに配慮が必要か、入園時にできるだけお尋ねするといいと思います。

宗教に関して入園時に
確認するといいこと
・給食・おやつなどで食べられないものがあるか
・服装や着替えについての要望があるか
・散歩などで、神社やお寺などに行ってもよいか
・断食月で配慮することがあるか
・年中行事や水遊びなどについて要望があるか
（総務省2017年「宗教的配慮を要する外国人の受入環境整備等に関する調査の結果」より抜粋）

自分が外国で子育てしたら…と考えながら

　牛乳について、あるとき外国人の保護者から「牛乳を止めたい」とご連絡がありました。牛乳が嫌いなのか、飲めないのか、よくよくお話を伺ってみると、温めて出してほしいというご要望だったのですが、いろいろな事情でそこまではできない。そこで、給食の準備の時間より少し早く、冷蔵庫から出しておいて、常温に近いかたちで飲んでみましょうということになりました。

　言葉の壁に宗教や生活習慣のちがいに驚くこともあります。たとえば下着をつけずにズボンをはいている子がいたり、卒園式で上靴用にフォーマルシューズを持ってきたり。でも、日本のやり方を説明しながら個に応じて寄り添うのは、だれに対しても同じです。もし自分が外国で子育てをしていたら、どんなことをしてもらったらうれしいだろうと考えながら、接しています。

子どもたちが園でさみしい気持ちになることがないように、園での生活を楽しく充実できるように、保護者に寄り添う。そこに特別なことはないと考えています。

イスラムの子もいっしょに食べる献立

NPO 法人そよかぜ保育室（埼玉県さいたま市）　　　　　　　　　　お話：佐藤千佳子（そよかぜ保育室園長）

1997年に発足したそよかぜ保育室は、定員31名のさいたま市ナーサリールームとして、埼玉大学に隣接する園舎にて0歳〜5歳の子どもたちの保育を行っています。もともと大学の教職員・留学生の子どもを預かる場として出発したことから、開園当初からさまざまな国の子どもたちを受け入れてきました。国籍は韓国、中国、ネパール、ミャンマー、バングラデシュ、フィリピン、インドネシア、ウズベキスタン、スリランカ、イギリス、イラン、モンゴル、パキスタン、タンザニア、ウガンダ、マレーシア、ブータン、タイ、フランス…と多岐にわたります。

食を全面的に「お肉なし」に

　異文化共生を方針のひとつとしながらも、食文化や生活習慣、宗教のちがいに戸惑った経験は数知れません。宗教食への対応は、当初は「イスラム教の子どもの食事には肉とお酒（調味料）、バターやショートニングは避ける」というものでした。

　しかし、イスラム教に加えヒンドゥー教やベジタリアンの子どもも同時に在籍する期間があったことなどから、試行錯誤の末、献立にお肉を一切入れないという方針に転換しました。留学生のお子さんは年度途中に入ってくることも多いため、全員「お肉なし」は、誤食の危険を避けるためにも好都合でした。

　多いときには在籍者の約半数が外国人という時期もありましたが、近年は、1〜2割ほどです。それでも続けているお肉なしの献立について、多数を占める日本人の保護者から栄養バランスの心配などを伺ったことはありません。入室説明会の折に魚類と大豆製品中心の献立を説明すると、お肉は家庭で食べるからと受け入れてくださっています。

食の支援は「じっくり待つ」姿勢で

　外国から来た子どもたちと食の苦労はよくあります。もともと食が細い、日本食の味に慣れていないなどのほか、家庭での生活リズムや離乳食のちがいから食べられないことも多いです。私たちでも外国の料理が口に合わないことはあるので、食べてもらう努力はしつつ、無理に食べさせることはしません。あまりに何も口にしないときは、家庭の食べものを持って来てもらうこともあります。

　「食べられた！」「おいしい」という気持ちを子ども本人が感じられるよう、長い目で食の支援に取り組んでいます。

October menu (2019年10月 献立表[Menu])

♪ MAKKANA HOPPETANO~ KIMITO BOKU~
とよかぜ保育室

日	曜	献立	Menu
1/15	火	カレーライス ・きゅうりワカメ和え ・スープ ・くだもの	curry & rice ・cucumber & seaweed soup ・fruit
2/16	水	五目ひじきごはん ・かぼちゃ煮 ・みそ汁	rice with seaweed ・cooked pumpkin ・miso-soup ・fruit
3/17	木	ごはん ・煮魚 ・みそ汁 ・小松菜干えび炒め ・くだもの	rice ・cooked fish ・miso-soup ・fried komatsuna & dry shrimp ・fruit
4/18	金	パン ・大豆ケチャップ煮 ・スープ ・ほうれん草コーンソテー ・くだもの	bread ・cooked soybeans with ketchup ・spinach &corn saute ・soup ・fruit
7/21	月	ごはん ・五目豆腐 ・みそ汁 ・厚焼き卵 ・くだもの	rice ・cooked tofu ・miso-soup ・japanese omelet ・fruit
8/22	火	ごはん ・焼き魚 ・みそ汁 ・チンゲン菜炒め ・くだもの	rice ・grilled fish ・miso-soup ・grilled buk-choy ・fruit
9/23	水	天ぷらうどん ・きゅうりスティック ・くだもの	'udon' with'tempura' ・stick cucumber ・fruit
10/24	木	ごはん ・はんぺんフライ ・みそ汁 ・パスタサラダ ・くだもの	rice ・fried 'hanpen' ・miso-soup ・pasta salad ・fruit
11/25	金	さつまいもごはん ・オクラしらす和え ・コロッケ ・みそ汁 ・くだもの	rice with sweet potato ・croquette ・okra & fish ・miso-soup ・fruit
/28	月	ふりかけごはん ・切り昆布煮 ・ボイルソーセージ ・みそ汁 ・くだもの	rice with 'furikake' ・boiled kelp ・boiled sausage ・miso-soup ・fruit

— 今月の予定 —

4日(金) Fri.	避難訓練	Emergency Drill
26日(土) Sat. [28日(月) Mon.]	第11回 運動会	Field day
31日(木) Wed.	誕生会	Birthday Party

※ 運動会のプログラムは後日配布します。
The program will be given later.

♪ Happy Birthday
おたんじょうびおめでとう8

★ 　　　ちゃん 30日生 1歳
★ 　　　ちゃん 27日生 1歳
★ 　　　ちゃん 29日生 1歳
★ 　　　くん 29日生 2歳

November menu (2019年11月 献立表[Menu])

♪ KINOKO NOKONOKO NOKONOKO ARUITARASHI NATSUKEDO…♪
♪ KINOKOHA ICI TERUNDANE♪
とよかぜ保育室

日	曜	献立	Menu
1/15	金	ごはん ・大豆のからあげ ・みそ汁 ・えのきオクラ和え ・くだもの	rice ・fried soy-beans ・miso-soup ・okra with enoki ・fruit
/18	月	ソーセージ卵チャーハン ・スープ ・わかめきゅうり和え ・くだもの	fried rice with sausage and egg ・soup ・seaweed & cucumber ・fruit
5/19	火	けんちんうどん ・厚焼きたまご ・くだもの	'udon' with root crops ・japanese omelet ・fruit
6/20	水	三色丼 ・大学いも ・スープ ・くだもの	rice with vegetables & fish ・soup ・fried sweet potato
7/21	木	ごはん ・マーボー豆腐 ・みそ汁 ・ほうれん草のごまあえ ・くだもの	rice ・mabo tofu ・miso-soup ・spinach with sesami ・fruit
8/22	金	ごはん ・魚の照り焼き ・みそ汁 ・野菜いため ・くだもの	rice ・fish teriyaki ・miso-soup ・grilled vegetables ・fruit
11/25	月	ふりかけごはん ・チーズはんぺん ・パスタサラダ ・みそ汁 ・くだもの	rice with 'furikake' ・cheese 'hanpen' ・pasta salad ・miso-soup ・fruit
12/26	火	カレーライス ・トマトサラダ ・スープ ・くだもの	curry & rice ・tomato salad ・soup ・fruit
13/27	水	パン ・ツナグラタン ・スープ ・きゅうりスティック ・くだもの	bread ・tuna gratin ・soup ・sticked cucumber ・fruit
14/28	木	ごはん ・煮魚 ・きんぴらごぼう ・みそ汁 ・くだもの	rice ・cooked fish ・miso-soup ・cooked carrot & burdock ・fruit

—今月の予定—

8日(金) Fri.	さつまいも堀り	Digging Sweet Potato
14日(木) Thu.	避難訓練	Emergency Drill
16日(土) Sat.	茶道と邦楽を楽しむ会	Party for Japanese traditional music & Tea ceremony
21日(木) Thu.	誕生会	Birthday Party

消防士さんと消防自動車がそろそろにやってきます！
At the emergency drill the children we able to watch some firemen and on kind of fire engine.

♪ Happy Birthday
おたんじょうびおめでとう8

★ 　　　ちゃん 29日生 2歳
★ 　　　ちゃん 17日生 2歳
★ 　　　くん 2日生 2歳
★ 　　　くん 23日生 4歳

サバ味噌煮献立

大豆ミートのからあげ献立

カジキの照り焼き献立

大切な「小学校との連携」

小島祥美　愛知淑徳大学

各地で異なる就学手続き

　日本に暮らす外国人は、就学義務の対象外という扱いです。そのため、就学年齢であるにもかかわらず、学校に通っていない外国人の子どもがいます。文部科学省の調査によると、日本に暮らす学齢相当の外国人の子ども（12万4049人）のうちの約6万人に1人（2万2701人）が就学にアクセスできていないという実態です（2019年9月27日発表）[*1]。

　このような現状であるため、外国人園児が居住する地域の公立小学校に入学を希望する場合、小学校の入学式を迎えるまでの手順やその手続き方法が日本人園児とは大きく異なります。それだけではありません。その就学手続きにかかわる一連の対応も、自治体によって全く異なるのです。文部科学省の調査では、外国人の子どもについての就学案内や就学に関する手続き等にかかわる規定がほとんどの自治体では存在しないことも明らかになっています。

　例えば、就学案内の通知等です。ある自治体では日本語のみで書かれた通知文が外国人園児の自宅に郵送されるため、来日して間もない外国人保護者はその内容を理解できずに子どもを就学時健診に参加させることができず、就学手続きまでにかなりの時間を要したということがありました。ある地域では、そもそもの通知等が外国人園児の家庭に送付されず、就学にアクセスできなかったという子どももいました。

　このようななか、外国人園児とその保護者が安心して就学手続きができるように、外国人園児が多い園ではさまざまな工夫がされています。ある園では、年長クラスの外国人園児に対しては、園から直接保護者に就学案内の通知等を渡し、保護者から直接に確認したことを園から行政に伝えるという「連携プレー」で、就学手続きから取り残される園児がいないように対応しています。また、ある園では、外国人保護者らが集まる「保護者懇談会」などを活用して、事前に小学校の入学式を迎えるまでの手順等を説明しています。その際の、多言語に翻訳された就学ガイドブックなどの情報提供は、外国人保護者からたいへん好評です。

　外国人園児が学齢期に不就学に陥らないために、園から保護者に対して確実な情報の伝達が非常に重要です。よって、年長クラスに外国人園

＊1
外国人の子供の就学状況等調査結果（速報）。文部科学省総合教育政策局
https://www.mext.go.jp/content/1421568_001.pdf

児がいる場合、当該自治体では外国人に対する就学案内やその手続き方法がどのようにされているか、またいつごろに地域内の小学校での就学時健診が実施されているか、把握しておくとよいでしょう。

外国人保護者向けの就学ガイドブックはどこにあるの？

　外国人保護者向けの就学にかかわる情報については、各地にある外国につながる子どもを支援するボランティア団体や国際交流協会、外国人住民を対象にした日本語教室などに相談するとよいでしょう。

　地域では、平日の放課後に学習支援を行うボランティア団体があったり、週末に大人の日本語教室のなかで子どもの学習支援を行う国際交流協会があったり、多言語で進路・進学説明会（ガイダンス）を開催したりなど、多種多様な活動が行われています。

　あなたの地域ではどんな団体があってどんな活動を行っているか、まずは調べてみることからはじめるとよいでしょう。そして、外国人園児や保護者向けの就学説明会の情報があった場合には、ぜひ外国人保護者を地域の学びの機会にまでつなげましょう。なぜならば、同じ地域に暮らす日本人住民との出会いは、外国人保護者が孤立せず、安心して子育てができる環境づくりにも大きく影響するからです。

　文部科学省では、外国人児童生徒のための就学ガイドブック[*2]を英語、韓国・朝鮮語、ヴェトナム語、フィリピノ語、中国語、ポルトガル語、スペイン語の各言語別で作成しています。これらは、文部科学省のホームページからもダウンロードできます。

　また、保護者への伝達方法で困った場合は、地域内にある小学校等で活躍する母語スタッフや支援員の協力を得るとよいでしょう。こうした支援員は、地域によって職務の名称や職務の内容が異なるため、詳しくは自治体や外国人生徒の多い学校に尋ねましょう。

　各地の国際交流協会やボランティア団体などにある外国人生活相談窓口に相談することも有効的です。曜日によって異なるさまざまな言語を話すことができるスタッフがいるため、こうしたスタッフと保護者をつなぐことは保護者の安心感にもつながります。

　その他、「やさしい日本語」[*3]で連絡事項の文面を作成して、保護者が機器で翻訳できるように紙媒体でなく電子化での保護者に伝達したり、ポケトークなどの翻訳機器[*4]を活用して対話したりなどの試みも参考になるでしょう。正しい情報を確実に外国人保護者に伝えることは、当該園児の就学を確実にするだけでなく、保護者へのエンパワーメントにもつながります。

*2
外国人児童生徒のための就学ガイドブック。7言語で作成されており、それぞれ日本語との対訳になっている。文部科学省のホームページからダウンロードできる。

https://www.mext.go.jp/a_menu/shotou/clarinet/003/1320860.htm

*3
「やさしい日本語」→23ページ

*4
翻訳機器→76ページ

外国人の子どもとその保護者が抱える困難とは

　文部科学省が行った最新の調査によると（2018年度）、公立小学校における日本語指導が必要な外国籍児童数は2万6316人で、過去最高を記録しました。つまり、外国人児童（5万9094人）のうちの約2人に1人（44.2％）が日本語指導を必要とする児童にあたります。日本語指導が必要な児童は決して外国籍児童だけでなく、近年は日本国籍の児童も増加しています。その数は、この15年間で3.5倍まで増えています。

　外国人の子どもであっても、日本で生まれ育っているのならば、一般的には外国生まれの外国人の子どもが抱えるような問題は少ないと、判断されてしまいます。しかしながら実際は、こうした子どもの多くは、家庭では日本語以外の言語で生活している場合も多いために日本語力が育つ環境が少なく、日常会話には問題がなくとも、学習にかかわる日本語がわからないという子どもも多いです。

　また、保護者の就労時間が不規則であったり安定した就労環境でなかったりすることで、地域にある日本の保育園や幼稚園に通っていない子どももいます。外国人コミュニティが経営する認可外託児所で過ごすという子どもも大勢いるのです。

　では、このような外国人の子どもたちが日本の公立小学校に入学すると、どんな困難を抱えるのでしょう。ある小学校で実際にあったお話です。

　ベトナム出身のRくんは「仲間に入れて」と日本語で言えなかったので、友達の肩を叩いてそのことを表現しました。しかし、周囲からはその行為が「暴力」とみなされてしまいました。それ以後、「すぐに人を叩くRくん」と怖がられてしまい、Rくんは日本人の友達がなかなかできませんでした。

　ブラジル出身のAちゃんは、日本語の文字が読めないことで自分のものと他人のものの区別ができずに取り合いになってしまったことがありました。加えて、Aちゃんの保護者は日本の学校の生活経験がないことから、給食で使うものや道具箱のセット一式の準備ができませんでした。「忘れ物が多いAちゃん」と言われることがAちゃんを学校から徐々に遠ざけてしまいました。Aちゃんが学校に通う意欲を取り戻すまでに、その後3か月の時間を要しました。

　日本語がわからない外国人児童が日本の学校へ入学するにあたって必要な支援として、子どもの日本語力を高めることが最も優先されがちです。しかしながら、日本の小学校に通うことは、保護者にとっても初めての場合も多いことにも着眼しましょう。日本人児童向けのお知らせを単に多言語で翻訳した文章だけでは、出身国との「学校文化」の違いに

より、外国人保護者が理解できないことも多いです。

外国人の子どもを対象にしたプレスクールの試み

　2000年に入り、外国人が集住する地域の小学校では、困難を抱える新1年生の外国人児童が増えてきました。その解決策としてはじまった新しい試みがプレスクールです。プレスクールとは、就学前の外国人の子どもに初期の日本語指導・学校生活指導を行うことです。

　この25年以上の間、公立小学校での日本語指導が必要な児童数の全国第1位を独走する愛知県は、全国に先駆けて2006年度からプレスクール事業を開始しました。

　愛知県では3年間の実践で得られた指導方法や効果的な教材、加えてプレスクール事業を企画・運営する際のポイントなどを紹介した「プレスクール実施マニュアル」*5を2009年10月に発行しました。

　それから10年が経過した現在の愛知県は、乳幼児期の子どもを持つ

*5
愛知県「プレスクール実施マニュアル」は愛知県のホームページからダウンロードできる。
https://www.pref.aichi.jp/soshiki/tabunka/0000028953.html

表　愛知県内におけるプレスクールの実施状況（2019年度）

実施所管		対　象	場　所	実施時期等	自治体名
直営10自治体	学校教育課	6歳	幼稚園・保育園	1月-2月、各園で各5回（1時間）	瀬戸市
		市内の小学校に入学予定の就園していない外国にルーツのある幼児（就園児も可）	小学校	2月中旬-3月中旬の約20回（月-金75分）	知立市
		市内の幼児（年長）	小学校（2か所）	年間、回数は相談（45分間）	刈谷市
		来年4月に市内小学校就学予定児童	小学校（2か所）	2/7-3/6の5回程度（2時間）	岩倉市
	教育委員会	6歳（年長）	小学校（2か所）	1月中旬から2月末の1人10回（1時間40分）	高浜市
	市民協働国際課	今後、豊川の小学校に入学意思のある児童で年長学年の10月から可	公共施設が融合された商業ビル	入室してから6か月以内	豊川市
	児童課	5歳児クラス	各保育所	通年、月2回×1時間	弥富市
	国際交流協会	次年度小学校へ入学する5歳児	保育園（2か所）、公民館	1/4-3/28の毎土曜（1時間）×12回	小牧市
		幼稚園年長の学齢相当者	図書館内	2/15-3/14の毎日曜（2時間）	岡崎市
	小学校	つつじが丘小学校新入学生	小学校	1月-2月の3回（1時間）	知多市
委託7自治体	学校教育課	3-6歳	保育園、幼稚園	1月-3月の14回程度（1時間）	豊明市
		次年度就学予定の外国人幼児及び外国にルーツをもつ幼児	小学校、国際交流協会	11月-3月の30回　特定非営利活動法人へ委託	豊田市
		地域は問わない。外国につながる未就園5歳児	委託先のフロア内	通年、週3日（2時間半）	西尾市
		市内の保育所在園の外国につながる年長児	市内14園	12-3月の週1回×11回（別途、親子で参加5回）	
	子ども課	4・5歳児	保育所・市立幼稚園	6月-3月、5歳児14回・4歳児7回	蟹江町
	観光交流課	3-5歳	保育園（1か所）	9月-3月の20回（1時間）	犬山市
	多文化共生・国際課	5-6歳（来年度豊橋市の公立小学校に入学予定の外国人幼児）	団地の集会所（3か所）	11月-3月の週1回×1時間	豊橋市
	市民協働課	次年度に小学校へ入学予定の外国にルーツをもつ子ども	委託先のフロア内	11/30-3/14の全10回（1時間程度）	知多市

（愛知県多文化共生推進室調べより、筆者作成）

保護者を支援する重要性から、子育て中の外国人保護者が気軽に集い、日本の情報を得たり意見交換したりできる多文化子育てサロンとともに、プレスクール事業を広めています。

　愛知県内の54市町村（38市14町2村）のうち、プレスクールを行っている自治体は16あります（2019年度）。実施形態別に比較すると、直営で実施は10、委託で実施は7です（1つの自治体が両方実施）。自治体によって実施所管、実施場所、実施時期などが異なります。

就学支援として有効なプレスクール

　各地で行われているプレスクール実践の訪問や、担当者や関係者へのインタビューから、わかってきたことが主に3つあります。

　1つ目は、入学後の学校での学習意欲の向上につながっているということです。小学校に入学した外国人児童の先生から「文字に興味をもつ子どもが多く、字が濃く、太く書きます」「本読みの声がとても大きいです」「学級で、プレスクールの参加の有無によって、入学後の児童の学習姿勢がまったく違います」などの声があります。

　プレスクールに通った保護者からも、「ほかの国のお友達と出会えて、日本語を覚えた」「ひらがなが書けて読めるようになった」など、子どもの成長にかかわる声が多く寄せられています。それは、プレスクールに通わせて一番うれしかったことでもあるようです。

　2つ目は、就学を前にした外国人保護者の安心につながっているということです。「日本の学校の授業がどんなものかがわかった」「先生がいろいろなことを教えてくれました」などの声があることから、保護者自身が日本の学校について学ぶ機会になっていることがわかります。

　「日本の学校のルールや注意事項などを知りたかったから」「私が日本の学校の生活に慣れたかったから」という理由で、子どもをプレスクールに通わせたという外国人保護者とも出会いました。学校の先生からも「保護者が学校で必要な学習用具や小さな困りごとを気軽に私たち（プレスクール担当者）に質問できることが、保護者の安心と理解につながっているようです」と、安心して相談できる場としても機能しているという声も多数ありました。入学後の保護者と学校とのよい関係づくりにも貢献していると考えられます。

　3つ目は、入学前に外国人児童の状況や家庭状況などがわかり、入学後の学級編成や指導計画に役立っているということです。教育委員会や小学校の先生からは「日本語がわからない児童の個別指導では身近な用品などの語彙を増やすことから始めていましたが、プレスクールに参加

した児童については、従来の課題が見られず、次のステップから学習指導を進めることができました」「児童の成育環境や教育歴（学習歴）がわかることは入学後の指導体制の検討に大きく役立っています」などの声を聞きます。園と小学校との担当者レベルでの意見交換は実施されていないため、事前に外国人児童の状況が把握できることで、入学後の個別の指導計画づくりに役立っているようです。

　2014年度から小学校では、①日本語で日常会話が十分にできない、②日常会話ができても、学年相当の学習言語能力が不足して学習活動への取組に支障が生じているという児童に対して、日本語の能力に応じた特別の指導を「特別の教育課程」を編成して指導を行うことが、学校長の裁量でできるようになりました。そのため、小学校入学後の外国人児童に対する指導体制の構築時間が大幅に短縮されることは、外国人児童の学習指導の時間が多く確保されることにつながるのです。

小学校の先生が求めること

　外国人児童の指導にかかわる小学校の先生たちは、園と小学校との担当者レベルでの意見交換ができることを望んでいます。その理由には、子どもの生育環境や日本語レベルに加え、保護者についての情報も知りたいことがあります。毎日の送り迎えがある園とは異なり、小学校では先生が保護者と直接話ができる機会が非常に限られているため、外国人児童が不就学に陥らないための保護者のサポートが必須です。

　特に、①保護者の使用言語（母語）と日本語力、②保護者の日本の学校での就学歴の有無、③当該児童がいっしょに暮らす家族構成、④保護者への連絡方法（緊急時の連絡先、連絡しやすい時間やその方法等）、⑤子どもの教育に関する保護者の希望などの情報は早くから知りたいことであるため、園からの引き継ぎ事項に加えるなど、小学校の先生に伝わるように工夫するとよいでしょう。

　留意すべきこととして、「保護者の一方が日本人」という理由から、特別なサポートは不要、日本人保護者と同様でいいという安易な判断は禁物です。母親が外国人である場合などに、親の再婚によって母国から呼び寄せられて来日する子どもが多いことにも留意が必要です。

　また、園や学校の都合で名前の表記を変えないことも大切です。文字数が多く欄に収まらないなどの理由で省略される事例があり問題です。両親の国籍が異なる外国人同士の国際結婚も増加しており、家庭内の言語も多言語化した家族がいること、その後の子どものアイデンティティの形成にも大きくかかわるため、本名使用には十分に注意すべきです。

column 日本の学校生活との橋渡しをしよう

　ピナット〜外国人支援ともだちネットは、東京都三鷹市で、親向けの日本語教室や子どもの学習支援教室など外国人支援の活動を行っています。その中で、特に子どもが低学年のうちは、親が学校のお便りや連絡帳を見て学用品を用意したり、日々の宿題を支援したりしなければならないということを知らない外国人保護者が多いことに気づきました。国によっては、宿題や持ち物の指導は教員の責任で、保護者が関与することはないそうで、「宿題やりなさい」と声をかける以外は何もしてこなかった、という人もいました。

https://pinatmitaka.wixsite.com/pinat/guidebook

　そこで、日本の学校は保護者に何を求めているかを知ってもらうために外国人保護者向けの就学説明会を毎年開催しています。複数言語で作成した「外国籍保護者のための小学校案内」には、時間割の見方や「水泳カード」のこと、切り取り線のあるプリントの提出のしかた、用意することを求められる学用品など、日本の学校生活を経験したことがない人には説明が必要だと思うことを掲載しています。

　説明会では、その一つ一つを説明するよりも主に保護者の役割について説明します。日本語の読み書きが苦手な人は、近所のママ友や日本語ボランティア、学習支援教室などの支援者を確保しておくよう伝えています。身近に相談できる場があれば、入学後の提出物や初めての行事などもその都度、確認することができ、安心だと思います。

　三鷹市のように、外国出身の人が集まっているわけではない散住地域の特徴と思いますが、説明会で初めてほかの外国人保護者と知り合えてうれしかったという人もいました。

　散住地域では説明会をどこで開催するか、どうやって外国人に知ってもらうかが大きな課題です。「近所に外国人ママいるけど、パパが日本人だから大丈夫」「あのママは日本語ができるから問題ない」と言われることもよくあります。でも、両親ともに学校のことを理解していることは重要ですし、日本語上級者でも学校用語はむずかしいことが多いです。小学校では送り迎えもなく外国人保護者が先生やほかの保護者とつながるチャンスが少ないので、ぜひ地域の外国人対象の就学説明会を探して案内していただければと思います。

　　　　　　　　出口雅子　ピナット〜外国人支援ともだちネット

第 4 章

園の多文化化のために
知っておきたいこと

日本で暮らす外国の人々は
どんな理由でいつごろ来日したのでしょう。
歴史的背景を少しだけでも知っていると
コミュニケーションの助けになります。
現場の保育者の困りごとと工夫も参考に、
よりよい多文化保育について考えてみましょう。

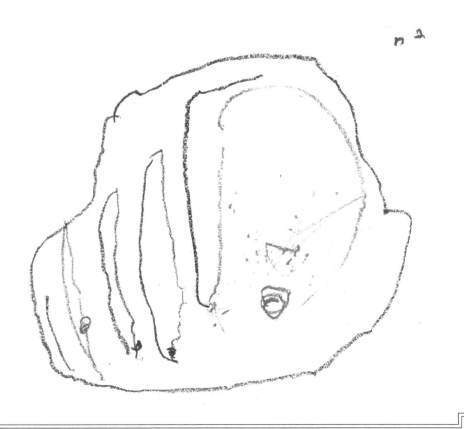

日本に暮らす外国人とはどんな人々？

品川ひろみ　札幌国際大学

6歳以下の外国籍の子どもは15万人

　日本には外国籍の子どもがどの程度いるのでしょうか。法務省の「総在留外国人統計」では、出身国をアジア、ヨーロッパ、アフリカ、北米、南米、オセアニア6地域に類別し、さらに国や年齢ごとに表示しています。2019（令和元年）6月末現在、6歳以下の子どもたちは15万4325人と、15万人を超えます。地域別で多い出身地域はアジアとなっており、6歳以下の外国人のおよそ8割近くを占めています。アジア圏のなかでは中国がもっとも多く、5万9267人、次いでフィリピンの1万1926人、韓国1万1214人と続きます。他にも台湾6361人、ネパール4743人、インドも3657人と3000人を超えています*1。

　また、アジア以外では南米が全体の12.6％とアジア圏に次いで多く、とくにブラジルは1万5243人と中国に次いで多いのです。

＊1
法務省「総在留外国人統計」2019年6月末
http://www.moj.go.jp/housei/toukei/toukei_ichiran_touroku.html

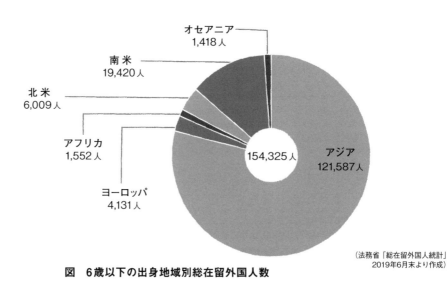

（法務省「総在留外国人統計」2019年6月末より作成）

図　6歳以下の出身地域別総在留外国人数

オールドカマーとニューカマー──来日の時期と経緯

　オールドカマー、ニューカマーという言葉を聞いたことがあるでしょうか。オールドカマーとは、第二次世界大戦前に日本が統治していた朝鮮半島や、台湾などの方々のうち、終戦後に日本国籍を消失したのちも

さまざまな事情で母国に帰国することなく、日本に住み続けた方々のことを指します。日本はこれらの方々を特別永住者として認定しています。

　他方でニューカマーとは、1990年前後に来日した人々のことです。1989年に出入国管理及び難民認定法（入管法）が改正され、かつてブラジルを中心とする南米に移住した日系三世までの本人およびその家族が、「定住者」や「日本人の配偶者等」などの在留資格によって日本に居住し就労できるようになったことで、ブラジルやペルーからその多くがデカセギを目的に来日しました。このように、ニューカマーとオールドカマーでは、来日の経緯は大きく異なっています。

　来日経緯という観点では、永住帰国した中国残留邦人[*2]や、インドシナ難民の方々もいます。中国残留邦人とは、第二次世界大戦終結後に中国から帰国することができず、多くは肉親と離別して孤児となり中国の養父母に育てられた方々です。1972年の日中国交正常化を契機として、多くの残留邦人が日本に帰国するようになり、国も肉親探しのための調査を実施しました。これまで永住帰国者の総数は6718人、家族も含めると2万903人となっています[*3]。

　また、インドシナ難民とは、ベトナム戦争の終結後にインドシナ三国（ベトナム、ラオス、カンボジア）から国外に脱出した方々で、これまで世界各地に140万人ともいわれる難民がいます。日本も1979年から2005年にかけて、合計1万1319人を受け入れており、近年でも家族再会のための受け入れが行われています[*4]。中国残留邦人やインドシナ難民の受け入れの総数は多いわけではありませんが、これらの方々をルーツとする子どもたちがいることは念頭においておくべきことです。

ルーツが同じでも家庭生活は異なることがある

　外国にルーツをもつ人々が日本に来日することになった経緯は多様です。それゆえ、その子や孫の家庭生活はその影響を受けています。

　例えば同じ中国人であっても、中国で生まれ育った人と、日本で生まれ育った人、ルーツが日本人である場合と、中国の場合では生活のあり方は異なるでしょう。わかりやすく述べるとすれば、戦前から日本で生活している中国人の子どもは日本語や日本の文化に慣れていますが、中国残留邦人の子どもは日本の国籍をもったとしても、日本語や日本文化が不得手な場合も少なくないのです。さらに日本で生まれたとしても、家庭の事情で母国の祖父母のもとで育ち、その後来日する場合もあります。

　同様に、ブラジル国籍で祖父母のどちらかが日本にルーツをもつ場合

*2
中国残留邦人とは、1945年当時中国の東北地方（旧満州地区）に居住していた開拓団の一般邦人に加え、樺太に居住していた約38万人の一般邦人、約1万人の季節労働者を含めた総称。これらの方々は、戦後の混乱の中、肉親と離別するなどし、国外に残留を余儀なくされ、長年筆舌に尽くせない苦労があったという。（厚生労働省「中国残留邦人等への支援」より）
https://www.mhlw.go.jp/stf/seisakunitsuite/bunya/hokabunya/senbotsusha/seido02/index.html

*3
中国帰国者の年度別帰国状況（昭47.9.29中国交正常化後）平成30年3月31日
中国帰国者支援・交流センター
https://www.sien-center.or.jp/about/ministry/reference_02.html

*4
外務省「国内における難民の受け入れ」
https://www.mofa.go.jp/mofaj/gaiko/nanmin/main3.html

でも、家庭での生活が日本文化に基づくのか、ブラジル文化に基づくのか、あるいはミックスされたものかによって、保護者や子どもたちの生活のあり様は異なっています。ある日系ブラジル人の保護者は、「幼い頃から祖父母に日本の話を聞いていた。家庭では日本食が多く、いつか自分も日本に行きたいと思っていた」と言います。また同じ日系ブラジル人の家庭であっても、保護者の一方だけが日系人である場合は、日本の文化や言語に不慣れであることも少なくありません。

在留資格により仕事も異なる

子どもたちの保護者はどのような仕事をしているのでしょうか。保護者がどのような仕事に就いているかは、親子で過ごす時間や親の教育意識の違いなど、少なからず子どもの生活に影響を与えます。

外国人統計によれば、在留が許可されている資格は、「教授」「芸術」「宗教」「報道」「投資・経営」「法律・会計業務」「医療」「研究」「教育」「技術」「人文知識・国際業務」「企業内転勤」「興行」「技能」「文化活動」「留学」のいずれかに該当する場合です。親がこれらの資格で在留許可された場合は、その配偶者や子どもも在留できることになっています。

またこれ以外にも、永住者、特別永住者がいます。永住者とは日本に一定期間居住しその後の永住が許可されたもので、特別永住者とはオールドカマーの方々のことです。さらにはニューカマーと呼ばれる日系ブラジル人、ペルー人も定住者として在留が認められており、これらの方々はどのような仕事に就いてもかまいません。

一般的にはオールドカマーである中国や韓国・朝鮮の方々は自営業、なかでも飲食店経営などが多いとされており、日系ブラジル人の方々は製造業等に従事している方が多いといわれています。今後、家族を伴った在留が多くなることが予測される資格もあります。2019年から新設された「特定技能2号」の資格は、本人に加え扶養を受ける配偶者と子どもも在留することができることになりました。それにより今後は家族の帯同も多くなることが予想されます*5。

宗教による文化・習慣の違いを知っておく

文化や習慣の違いは、外国にルーツをもつ子どもを保育するうえで、もっとも難しい点ではないでしょうか。なかでも宗教の違いは何をどのように留意すべきか疑問に思われることも多いことでしょう。

イスラム教では豚肉や酒類の飲食が禁じられていることはよく知られ

＊5
特定2号とは、特定産業分野に属する熟練した技能を要する業務に従事する外国人向けの在留資格で、要件を満たせば家族の帯同が認められており、在留期間の更新もできる。
法務省出入国在留管理庁「特定技能外国人受入れに関する運用要領」令和元年9月
http://www.moj.go.jp/content/001289242.pdf

＊6
イスラム教では、「豚」肉やハム・ソーセージなどの派生物、酒などは「ハラム（禁じられている）」としてすべてが禁じられている。他方で、野菜、果物、魚、卵、牛乳や、イスラムの方式にしたがって"と畜"された動物の食肉などは「ハラル（許されている）」とみなされ飲食が認められている。また、ハラルなものでも、ハラムなものに混ざったり接触したりすると、ハラムとみなされるなど注意が必要。これらの見解には宗派や地域、個人によって解釈が異なることがある。（日本フードバリアフリー協会、ハラル事業部より）
http://www.halal.or.jp/halal/

ていますが*⁶、キリスト教や仏教の一部でも肉食を禁じている宗派もあります。また欧米にはベジタリアンの食生活をしている人々も少なくありません*⁷。多文化共生の先進国であるスウェーデン・ストックホルム市の保育施設では、給食のメニューに「スウェーデン」「ハラル」「ベジタリアン」を選択できるようになっています。

　日本においてそれらの対応をすぐに導入することは難しいですが、基本的な知識として知っておくことは必要でしょう。現在ではインターネットや書籍などでさまざまな情報を得ることができます。

　外務省のホームページでは、「国・地域」ごとにそれぞれの国の基礎情報や学校の情報を見ることができます*⁸。就学前教育部分を中心としたものではありませんが、これらの情報を知っておくことは保護者とのコミュニケーションにとっても有効です。

　ただし同じ日本でも習慣や文化は地域によって違いがあるように、諸外国においてもひとつの文化や習慣ということはありません。自分が読んだ本や資料に書いてあっても、それとは異なる場合もあることには注意が必要です。文化や宗教の違いによる配慮については、調べた基礎知識をもとに、保護者の方に直接たずねることがよいでしょう。

保護者への協力、保護者との協力

　子どもが園生活で安心して過ごすためには、保護者の協力が不可欠です。また外国人保護者だけでなく、日本人保護者がどう見ているかも重要な点です。筆者らが以前におこなった調査*⁹では、外国人児童が在園していることについて、多くの日本人保護者は好意的に見ていました。その理由として「わが子の国際的な視野が広がる」ことをあげています。子ども同士の関係で自然と国際化がすすむこともありますが、ぜひ意識的に多文化共生の保育を取り入れてほしいものです。

　また外国人保護者から見た場合、日本の保育施設の行事の豊富さが魅力であることをあげています。日本語が苦手な外国人保護者にとって、行事などのきっかけを通して日本人保護者と交流をもてることは、親だけでなく子どもにとっても望ましいことだといえます。外国人の親子も参加しやすいような行事の内容を考えることも大切です。

　移民の児童が多いスウェーデンの保育施設では、外国人保護者の方に協力してもらい、母国の絵本を読んでもらう、遊びを教えてもらうなどの工夫をしています。そのことを通して外国人児童はもちろん保護者自身が誇らしく思え、ポジティブな意識が育つことが期待されています。

*7
ベジタリアンやハラル料理に関しては以下を参照のこと。
国土交通省　総合政策局観光事業課『多様な食文化・食習慣を有する外国人客への対応マニュアル』平成20年2月
https://www.mlit.go.jp/common/000059429.pdf

『東京都多言語メニュー作成支援ウェブサイト』
https://www.menu-tokyo.jp/menu/hospitality/religion.php

*8
外務省『KIDSキッズ外務省』
https://www.mofa.go.jp/mofaj/kids/ichiran/index.html

*9
これらの調査結果については以下を参照のこと。小内透編著『在日ブラジル人の教育と保育の変容』御茶の水書房、2009年。品川ひろみ「多文化保育における通訳の意義と課題－日系ブラジル人児童を中心として－」『保育学研究』第49巻第2号日本保育学会、2011年

通訳など必要な配慮

　筆者らの調査では、多くの外国人保護者は、日本の保育所がとても親切で行事も多く満足している方々が多い実態でした。しかし、日常的なコミュニケーションができたとしても、外国人保護者にとって子育ての困りごとを細かいことまで相談するのは簡単なことではありません。また日本の保育者の多くは、日本語以外に日常会話ができる外国語がないことが多いという現状があります。そのため外国人保護者がもつ相談のニーズに対応できないことも少なくありません。

　自治体によっては、外国人児童が多い園に対して通訳を目的とした保育者・保育補助者を配置している園があります。また日系ブラジル人が集住する地域では、日本で育った日系ブラジル人が保育者となっているケースも見られるようになりました。

　そのような園では、外国人保護者が母語で相談することができ、不安が減少することで、その子どもも安心し、結果として子どもによい影響を与えるのです。そのようなスタッフを園に常駐させることは簡単なことではありませんが、一人一人の子どもの育ちを保障するためには、考えていかなければならない視点です。

　以上のように、単に外国につながる子どもといっても、その背景にはさまざまなことがあります。保育においては、それらのことを踏まえて、子どもの最善の利益を念頭においた保育を心がけたいものです。

多文化保育のために園ができること
——保育者のエピソードから

中野明子　福島学院大学

　日本語は、英語、中国語、フランス語、ロシア語、ドイツ語、スペイン語と並ぶ世界の「大言語」のひとつです。日本で生活しているわたしたち日本人は、一生を通して母語である日本語で学び、働くことができます。一方、多くの諸外国では、希望する学校に進学するためや、より良い条件の仕事に就くために、母語ではない言語を習得し、使いこなすことが求められる人も少なくありません。

　言葉は心をつくります。母語で表現し、コミュニケーションすることは、その人の存在意義に関わる大切なアイデンティティであり、支援する立場の者は、外国につながる子どもたち、外国人保護者の国の母語を尊重して関わることが、その子どもの将来にとって、大変重要な意味をもつことを、まず知っておきましょう。

　ここでは、関東や東北地方で勤務する保育者から伺ったエピソードを紹介しながら、園としてできることを考えます。

突然の移動が多い、外国につながる子どもたち

　外国につながる子どもの受け入れや退園は、突然であることが多いため、園側の準備ができないまま、受け入れがはじまってしまうことがあると、多くの保育者から伺います。

　「子どもたちにとって国境を越える移動は『理由のない移動』である場合が少なくない」と山本晃輔は『外国人の子ども白書』に書いています*1。そして、「移動を念頭に置いた教育の必要性」について述べ、山野上麻衣は「2国以上にまたがる生活をする場合、どの国でも『外国人』として疎外感を感じる子ど

　突然入園が決まった、両親ともに韓国国籍の5歳女児。登園した日は泣いてばかりで繰り返し「シンバ」と言っていた。楽器遊びをしていたことから、シンバルのことかと渡したが、泣き止まなかった。その日、退勤してから韓国語の本を購入し調べたら「シンバ＝靴」のことだとわかった。昼間何度も繰り返していたのは、「靴をはいて帰りたい」という意思表示だったのかもしれない。コミュニケーション方法を準備しておけば、日本での保育園生活のはじまりに、不安を少しでも少なくすることができたのではと反省した。

＊1
山本晃輔「01 未知の地への突然の移動」『外国人の子ども白書〜権利・貧困・教育・文化・国籍と共生の視点から〜』明石書店、2017年

もがいる。（中略）しかしアイデンティティは周囲の人びととの関係性のなかで育まれるものであり、移動による新しい環境のなかで揺らぐことがあっても、自らを受容される経験のなかで形成・刷新されていく」と記しています[*2]。

　日本という未知の世界に来て、不安な気持ちでいる子どもや保護者が安心感を持てるような関わりと支援が求められています。

「あいさつ」は心の扉をひらく

　安心感は、「笑顔であいさつ」からはじまります。

＊2
山野上麻衣「04頻繁な移動が生む学習の不連続、アイデンティティの不安」『外国人の子ども白書～権利・貧困・教育・文化・国籍と共生の視点から～』明石書店、2017年

> ベトナムから父親の仕事の関係で日本にきた家族は、両親とも全く日本語が話せなかった。幼稚園にも無関心で、欠席の連絡もなく行事にも参加しなかった。担任として、観光雑誌等でベトナム語のあいさつやものの名前等を覚え、両親にベトナム語であいさつをすると、大変喜んでもらえ、少しずつ幼稚園の生活に関心を寄せてくれるようになった。クラスの子どもたちは言葉がわからなくても自然に遊び、こう言ったよ、と通訳までできるようになっていた。
> （5歳児担任）

> フィリピン国籍の母親に、タガログ語であいさつするようにしたところ、笑顔になり、朝ごはんの話、子どもの家での様子の話なども片言の日本語で話してくれるようになった。どこまで日本語がわかるのかを知ることができ、信頼関係を築くことにつながった。
> （2歳児担任）

　外国につながる子どもや保護者へのあいさつは、日本語でのあいさつに続けて、その人の母語でもあいさつ心がけることをお勧めします。

　例えば、ブラジル国籍の親子には「おはようございます。ボンディーア！（Bom-Dia!）」、フィリピン国籍の親子にはタガログ語で「元気ですか？　クムスタカ？（Kumustaka?）」などです。

　外国の人は英語を話せると思う方もいますが、実際は違います。WHO人口統計2018によると、世界の人口約74億人（194か国）のうち、英語人口は約15億人、英語が母語（第一言語）の人口は4億人未満と推計されています。母語が英語ではない国が圧倒的に多いのです。

　相手の母語であいさつすることで、「あなたは、あなたらしく生きる権利があります。あなたの生まれ育った大切なふるさとの文化や言葉も大切にしながら、日本での生活を少しでも幸せなものにしていくための、力になりたいです」といった願いが伝わります。

連絡帳の工夫

フィリピン出身の母親に、お便りには漢字にルビをふったり、ひらがなに直す配慮をしていた。後から、その方との会話で、ひらがなよりはカタカナ、カタカナよりはローマ字の方が読みやすいと知った。ローマ字表記にしてからは、忘れ物や思い違いが少なくなった。
（3歳児担任）

あるクラスに、独、米、仏、カナダ、ブラジルの子どもがいて、ジェスチャーを交えてコミュニケーションをとろうと努力したが伝わらず「No」「Non」という言葉しか返事はなく、途方にくれる日々だった。連絡帳にひらがなだけでなく簡単な絵を描いたところ、その次の日から保護者や、子どもたちとのコミュニケーションがとりやすくなった。さらに画用紙にマジックで絵を描いたカードを何枚も用意し、伝えたいこと、困っていること、その日の出来事などを伝えると、保護者との距離が縮まった。
（2歳児担任）

両親とも中国国籍の保護者。言葉の意味を誤解したり、持ち物を用意することが困難だったため、お便りに「写真つきの別紙」を添えたり、大事な部分にはラインを引き、購入時に困らないよう販売している店の店員にあてた手紙を持たせる等の工夫をした。それにより忘れ物が減り、行き違いが少なくなった。個別支援の大切さを実感した。（5歳児担任）

外国人保護者にだけ持ち物カードや写真を見せるのではなく、クラスの前にボードを置き提示したことで、クラス全体の忘れ物防止となり、子どもたちや保護者同士のコミュニケーションのきっかけともなった。　（4歳児担任）

　これらのエピソードから、保護者が保育施設に来やすいように、相談しやすい雰囲気をつくること、環境を整えることが大切であることがわかります。絵や写真を添えることで、子どもの状況をより明確に理解でき、話題を提供し、相談のきっかけともなります。

　文字表記の理解は個人差が大きいので、どのような表記のしかたで理解できるか本人に確認することも大切なポイントといえるでしょう。

　「連絡帳は、正しい日本語で記述すること」とイラストや絵文字を書くことを禁じる方針の園もあるようですが、これからの時代、視覚的にわかりやすく安心感を与える効果がある手段として、連絡帳にイラストや絵を活用することも、日本人を含むすべての保護者にとって有効な支援と考えます。

　イラストや絵を描くことが苦手な保育者は、便利なイラストのソフトやアプリの力をかりて、楽しく表現することもできますね。それぞれの持ち味を生かし、工夫することが、笑顔を引き出す支援となることでしょう。

食習慣の違いと園生活

母親がフィリピン国籍の3歳児。偏食の上に、家庭ではほにゅう瓶で大量にミルクを飲み、食事をしようとしないと困っていたことがわかった。

母親がマレーシア人。イスラム教信者であるため、豚肉を除去し、ハラル食*3を給食で提供している。ハラル食の理解や食材を見つけることに苦労している。

離乳食の考え方が日本と違う家庭には、栄養士と一緒に相談しながら食育をすすめている。日本のスタイルに合わせてもらっている。

両親ともにパキスタン国籍。イスラム教信者であるため、肉は祈祷した鶏肉のみ。調味料はハラル用のもののみでゼラチンは使えない。そのため本児用の代替食を園で準備し提供している。調理職員の協力や担任間の連携で手厚い支援ができているが、人材不足という現場の問題があり、今後食文化に関するニーズが多様化する中で、どれだけ対応していけるのかが心配。

両親が中国国籍の3歳児。とても小食なので心配し、母親に確認したところ、日本食が口に合わないとのことだった。食材に慣れること、味を知ることから給食をはじめ、決して無理強いはせず、その子のペースと食べられる量で楽しく食事ができるように配慮し「全部食べたよ！」と笑顔になれることを大切にした。

両親がインド人の兄弟。牛豚肉魚介類やそのエキスが入ったものは口にしない食文化。入園時に何度か面談し聞き取りをした結果、給食は提供せず、母親が毎日の献立（ルビつき）を見て、似せたものを作り、保育園の食器に移して提供していた。

母親がフィリピン国籍。遠足でおにぎり持参をお願いしたが、わからなかったため、作り方から教えた。スプーンでおにぎりを食べていた。

*3
「ハラル」はイスラムの教えで「許されている」という意味のアラビア語。宗派や個人によって解釈は異なる。

　国によって、また家庭によって食習慣が違うことから、宗教食に配慮しながら、個別に対応する難しさを抱えている園が多いことが伝わってきます。

文化の違いから園での困りごと

中国国籍の母親。「自分の子どもを守ってほしい」と強く訴えられ、「子どもたちがケンカやトラブル、おもちゃの取り合い等も経験することで育ちあう」という園の保育観を理解していただけなかった。

エジプト国籍の母親。信じている宗教観から「ハンムラビ法典ではやられたらやり返すことがあたりまえ。やられそうになる前に自分から手をあげなさい」といった教育をしている。その子の周囲では、常に激しいケンカやトラブルが絶えない。

宗教上、頭にふれてはいけない子どもの担任をしていた。言葉だけでなく、その国の宗教や文化の違いを学んでおくことは大切だと感じている。

母親がフィリピン国籍の子ども。1歳の誕生日を迎えると、耳にピアスをつけた。ケガをしないか、危険はないか、他児への影響はないか等、園の職員で話し合い、その国の習慣であり文化であると判断し、受け入れることにした。そのことを母親に伝えると「ありがとう」とうれしそうに笑ったことが印象に残っている。

　その国の歴史、宗教観、文化を知ることを通して、日本の文化を押しつけるのではなく、日々の関わりの中で信頼関係を構築しながら、よりよい支援の方向性を探っていくことが大切ではないかと考えます。ちがいがあっても時間をかけて理解し合うことが必要です。

困った！ どうして⁉と 実感した場面

　保護者に電話をする場合は、緊急を要することが多いです。保護者の職場に、代わりに電話に出てもらえる人がいるか、緊急な要件を日本語とその国の言葉で理解し、伝えることができる協力者がいるかの確認と確保をしておくことは、安全管理の面でも重要です。

　保育所、幼稚園、認定こども園に入園する際にも、行政のサポートを受けられることが当たり前という社会になってほしいです。今後の重要な課題といえます。

　園全体で子どもや保護者に対しての理解を深めていくことが重要です。担任だけでなく、栄養士、調理士が直接保護者の思いや考えを伺う機会をつくることも有効な取り組みです。

電話では、身振りやジェスチャー、絵カードも使えないため、伝えたいことが伝わらないことが多く、「39度の熱が出たから、すぐにお迎えに来てください！」と言っても「わからない」との返事。言葉だけで伝える難しさに直面した。

中国国籍、日本語が全くわからない子どもに、スマホのGoogleの翻訳機能やジェスチャー等で伝え、個別に関わり理解に努めたが、思うようにできないと奇声を上げたり、物を投げたりし、全職員でその子の気持ちを理解することに悩んだ。小学校への就学が3月に決まると、外国人のサポート支援事業を小学校教諭と一緒に受けることになり、就園時には行政からそのような支援は何もなかったことへの矛盾を感じた。

宗教上の理由で豚肉を除去する子どもの給食に、時々豚肉が入っていることがあった。調理士に伝えると、「アレルギーではないから、入っていても問題ないと思っていた」と言われ、驚いた。宗教上の理由での除去食についても園全体で配慮していく必要性を感じ、文化や宗教観の違いを尊重し理解することを職員会議で確認した。

家族全員が中国国籍、2歳児、日本語が全くわからなかったため、園でも簡単な中国語でも話しかけるようにした。すると表情が柔らかくなり、日本語の中で生活することにどれだけの不安を抱いていたかが推し量れた。2つの言語で育ったためか、言葉がでるのが遅いという印象を受けた。

台湾国籍の父親と中国国籍の母親。家庭内で中国語、台湾語、日本語、英語と4か国の言葉が飛び交っていて、混乱しているのか、子どもの言葉がなかなか出なかった。

さまざまなアプリや翻訳機能、ツールを駆使し、文字だけではなく、絵や写真、カード等で可視化することの工夫と大切さは、子どもの言葉の育ちの上でも有効な工夫といえるでしょう。発語の遅れについては、多言語環境のためか、発達課題があるためかを見極めるために、専門機関との連携が重要になってきます。

制度のはざまにいる子どもへの支援

複数のマイノリティ性をもつ人は、制度のはざまに陥りやすく、相談できる窓口がみつかりにくいのが現状です。

例えば「外国籍の子どもで、発達障害のある子ども」などがそれにあたります。保護者や家族が相談できる窓口を求めて苦労している際に、園として相談窓口を紹介していくことも重要な支援となります。

「発達障害情報・支援センター」*4ホームページで、多言語でのパンフレット（やさしい日本語を含む）が2019年よりダウンロードできるようになりました。

こうした情報を提供することで、医療や福祉と結びつけるきっかけとなるかもしれません。

外国につながる子どもや家族、多様性をもつ子どもへの配慮は、国や行政が率先して取り組むべき社会の問題です。ひとつの園だけでは解決しないことも多いです。保育者自身も悩みすぎず、専門機関や行政と連携し、相談しながら保育をすすめていくことが大切です。

*4
発達障害についての相談窓口。「やさしい日本語」をはじめ多言語での、発達障害への理解、普及啓発を行っている。
「発達障害情報・支援センター」ホームページ
http://www.rehab.go.jp/ddis/

保護者が保育に参加する機会をつくる

時々言葉に出る中国語や英語を、不思議がる子が出てきて、「変わった子」というまなざしで見る場面が増えてきた時期に、園で相談し、中国国籍の母親を招いて「中国語教室」を開いた。絵本や歌遊びを通して、楽しく子どもたちに教えていただいた。「○○くんすごいね」「○○くんのお母さんもすごいね」と保育者から子どもたちに話すと、子ども同士で友達を認め合う姿がみられた。　　　　（4歳児担任）

母親が中国国籍。日本の生活になじめずに孤立しがちだった。料理が得意で、餃子を作るのがとても上手だと知り、園で親子料理教室を開いた。その母親が素早く餃子を包む姿はヒーローのようと盛り上がり、その子も誇らしげに母親を見ていた。これをきっかけに、親子で笑顔が増え、周囲の人たちとの会話も増えていった。

（5歳児担任）

　保育者自身が多文化、異文化の遊びや食べ物を喜び、驚き、おもしろがり、感動する姿を子どもたちや保護者と共有することで、さまざまな国の文化を理解し、尊重し、大切にする意識をもつことにつながっていきます。そうした姿勢が園全体で多文化理解、違いを認め合うことにつながります。

　園での活動の多文化体験を通して、豊かな時間を共有することがひとつのきっかけになり、多文化への興味関心を深めるチャンスともなるかもしれません。日本の文化に同化することを強いるのではなく、国によってさまざまな文化があることを受け入れ、違いをおもしろがる好奇心が「敬意ある共生」につながるのではないでしょうか。

子どもへの支援で最も大切にしたいこと

いちばん大切にしていたのはスキンシップ。抱きしめたり、手をつなぐと気持ちが通じ合うように思えた。そして、気持ちを共感すること。その子がうれしい、楽しそうに笑う時は一緒になって喜び、悲しい時には近くで寄り添うこと。

園が楽しい場所となるように、毎日名前をたくさん呼ぶようにしている。そのうちまわりの子どもたちもその子の名前を呼んで、遊びに誘うようになってきた。

教えられずとも、やさしい言葉で関わることができる幼児たちから、同じ目線に立つことの大切さを知った。相手のことを知りたい、コミュニケーションをとりたいと思うお互いの気持ちが言葉を覚える力となることを学んだ。

　自分を大切に思ってくれている、自分の存在を受け入れて愛してくれる人がいることを伝えていくこと、寄り添うことの大切さは、すべての子どもたちに共通する、普遍的な支援だということが、これらの保育者の言葉から伝わってきます。

　困った時、悩んだ時、「あの先生に相談してみようかな」と思えることが、多文化の中で生きる保護者の孤立を防ぐ手立てとなります。

　さらに、それらは虐待の予防的関わりともなることを、支援者として自覚していくことは重要です。

これからの多文化保育に必要な視点

堀田正央　埼玉学園大学

多文化保育／教育をとりまく環境

　今を生きる子どもたちの未来は、大きな変化にさらされています。持続可能な開発目標（SDGs：Sustainable Development Goals）*1を始めとした地球規模の持続可能性への視点や、IoTを基盤とした第4次産業革命ともいわれるSociety5.0*2など、すべての異質なヒトやモノ同士がつながり、情報を共有し、新たな価値を生み出していくことが求められる社会で、子どもたちに何を伝え、どのような力を育てていくのかは、保育／教育の分野における大きな課題といえます。

　ひとつの手がかりとなるのは、多文化保育において特に必要とされてきた"多様性の受容（Diversity and Inclusion）"というキーワードです。人種、国籍、性別、宗教、文化、年齢、教育、経験等の多様性を認め、異なる視点や価値観を社会に活かしていこうとするこの考え方は、文部科学省が定める「生きる力」や、OECD生徒の学習到達度調査（PISA：Programme for International Student Assessment）で実施された「グローバル・コンピテンス*3」調査等とも関連して、ますます重要になってきています。

外国につながる子どもと保護者の権利

　日本国憲法第二十六条においてすべての国民は「ひとしく教育を受ける権利」があると定められ、国際人権規約では、教育は「すべての者」に認められた権利とされています。また教育基本法第4条（義務教育）では保護者が子どもに「九年の普通教育を受けさせる義務を負う」と定められています。

　外国につながる子どもにとって、この権利と義務はどのように機能しているのでしょうか。外国人に対して憲法で保障された権利がどのように適応されるのかは、外国人の政治活動の自由を求めた「マクリーン事件*4」の先例にあるように、基本的人権が外国人にも等しくおよぶものの、それが無条件とはされていません。日本国籍を持たない場合、子どもにとっての権利と保護者にとっての義務は、必ずしも一体のものとし

*1
国連開発計画（UNDP）が推進するSDGsは、世界の持続可能性を高め、すべての人が平和と豊かさを享受できる社会の構築のために立てられた17分野の目標である。多文化保育に関連する目標分野として、3.すべての人に健康と福祉を、4.すべての人に質の高い教育を、16.平和と公正をすべての人に、等がある。

*2
狩猟社会、農耕社会、工業社会、情報社会に続く新たな社会のあり方を指すもので、仮想空間と現実空間を高度に融合させたシステムにより、経済発展と社会的課題の解決を両立する人間中心の社会として日本政府が提唱している。

*3
世界経済開発機構（OECD）が提唱するグローバルに活躍するこれからの世代に必要な力のこと。

表1　多文化保育・教育に関わる子どもと保護者の権利

世界人権宣言	経済的、社会的及び文化的権利に関する国際規約(A規約)	児童の権利に関する条約
第26条	第13条	第29条
1．すべて人は、教育を受ける権利を有する。教育は、少なくとも初等の及び基礎的の段階においては、無償でなければならない。初等教育は、義務的でなければならない。（後略） 2．教育は、人格の完全な発展並びに人権及び基本的自由の尊重の強化を目的としなければならない。教育は、すべての国又は人種的若しくは宗教的集団の相互間の理解、寛容及び友好関係を増進し、かつ、平和の維持のため、国際連合の活動を促進するものでなければならない。	1．この規約の締約国は、教育についてのすべての者の権利を認める。締約国は、教育が人格の完成及び人格の尊厳についての意識の十分な発達を指向し並びに人権及び基本的自由の尊重を強化すべきことに同意する。更に、締約国は、教育が、すべての者に対し、自由な社会に効果的に参加すること、諸国民の間及び人種的、種族的又は宗教的集団の間の理解、寛容及び友好を促進すること並びに平和の維持のための国際連合の活動を助長することを可能にすべきことに同意する。	1．締約国は、児童の教育が次のことを指向すべきことに同意する。 (a)　児童の人格、才能並びに精神的及び身体的な能力をその可能な最大限度まで発達させること。 (b)　人権及び基本的自由並びに国際連合憲章にうたう原則の尊重を育成すること。 (c)　<u>児童の父母、児童の文化的同一性、言語及び価値観、児童の居住国及び出身国の国民的価値観並びに自己の文明と異なる文明に対する尊重を育成すること。</u> (d)　<u>すべての人民の間の、種族的、国民的及び宗教的集団の間の並びに原住民である者の理解、平和、寛容、両性の平等及び友好の精神に従い、自由な社会における責任ある生活のために児童に準備させること。</u> (e)　自然環境の尊重を育成すること。

（下線は筆者による）

て役割を果たしてはいないのが現状です。例えば小学校への就学は「義務」ではなく、外国籍の子どもや保護者の「希望」に基づくものであり、公立学校の外国人の子どもの無償受け入れや、教科書の無償給付措置、就学案内や就学ガイドの充実等の対策が行われているものの、日本人と完全に同じ扱いではありません。

　実際、2019年6月末の在留外国人数は約282万人と過去最多を記録する中、義務教育年齢の外国籍児約2万3000人の就学状況が不明となっており、また2013年に公表された2010年国勢調査追加集計では、約17万5000人が無国籍や国籍不詳であるなど、権利が保障されながらもそれを行使するための環境整備は十分とはいえないのが現状です。

すべての子どもと保護者にとって必要な多文化保育／教育

　世界人権宣言、国際人権規約、児童の権利に関する条約等では、等し

＊4
アメリカ国籍のロナルド・マクリーンさんが、政治活動や無届での転職を原因として在留期間の延長を認められなかったことに対して、基本的な人権の侵害にあたるとして起こした一連の裁判とその結果のこと。外国人の入国・在留の自由が認められない一方で、基本的人権の保障は性質上日本国民のみを対象と解されるものを除き、日本に在留する外国人にも等しく及ぶとの判断が示された。

く「異なる国、人種、宗教の理解、寛容、友好」が記されています。また近年では、持続可能な開発目標（SDGs）における保育・教育に関する目標4において、「すべての人々に包摂的かつ公平で質の高い教育を提供し、生涯学習の機会を促進する」とされ、さらに同4.7では「（前略）グローバル・シチズンシップ、文化多様性と文化の持続可能な開発への貢献の理解の教育を通して、すべての学習者が、持続可能な開発を促進するために必要な知識及び技能を取得できるようにする」とあります。

　また、2015年には国際連合教育科学文化機関（UNESCO）がグローバル・アクション・プログラムを策定し（表2）、持続可能な開発のために教育・学習をどう位置づけていくのかを示しました。さらに、PISAで2018年にグローバル・コンピテンス調査が行われていることからも、教育においてグローバルな視点が世界的に重要と考えられていることは明らかです。しかし、日本はこの調査に参加していません。1つの尺度で文化

表2　グローバル・アクション・プログラムにおける2つの目的と5つの優先分野

目的1	全ての人が、持続可能な開発に貢献できるようにエンパワーされるような知識、技能、価値観、態度を得る機会をもつために、教育・学習を再配向させる。 (to reorient education and learning so that everyone has the opportunity to acquire the knowledge, skills, values and attitudes that empower them to contribute to sustainable development)
目的2	持続可能な開発を促進する全てのアジェンダ、プログラム、活動において、教育や学習の役割を強化する。 (to strengthen education and learning in all agendas, programmes and activities that promote sustainable development)
優先行動 分野1	政策支援（Advancing policy） ESDに特別な権能を与える環境を創出し、全体的な変化をもたらすために、教育と持続可能な開発双方の政策にESDを入れ込む。(Mainstream ESD into both education and sustainable development policies, to create an enabling environment for ESD and to bring about systemic change)
優先行動 分野2	学習や訓練の環境の変換（Transforming learing and training environments） 教育や訓練の場に持続可能性の原理を統合する。 (Integrate sustainability principles into education and training settings)
優先行動 分野3	教育者やトレーナーのキャパシティ構築（Building capacities of educators and trainers） ESDにさらなる効果をもたらすために、教育者やトレーナーのキャパシティを増大させる。 (Increase the capacities of educators and trainers to more effectively deliver ESD)
優先行動 分野4	若者の支援と動員（Empowering and mobilizing youth） 若者の間でESD活動を増やす。 (Multiply ESD actions among youth)
優先行動 分野5	地域レベルで持続可能な解決策を促進する（Accelerating sustainable solutions at local level） コミュニティ・レベルでESDプログラムや利害関係者間のESDネットワークを増進する。 (At community level, scale up ESD programmes and multi-stakeholder ESD networks)

（UNESCO〔2015〕, Global Action Programme on Education for Sustainable Developmentより。筆者訳）

を測ることへの疑問が理由とされていますが、グローバル・コンピテンスを養う上で十分な教育が行われていない状況もあることも考えられます。多文化保育／教育は、それを補うものとして、不利益な状態にある人への権利擁護の文脈だけではなく、すべての子どもにとって今まさに必要とされているものであると言えます。

これからの多文化保育／教育

　外国につながる子どもと保護者の権利を守り、すべての人が持続可能な社会にむけて必要な多様性の受容について学ぶ権利を認めながら、これからますます重要となるのは、群馬大学名誉教授の萩原元昭らが定義する"地球市民としての資質"を育成するための保育実践としての多文化保育の視点ではないでしょうか。保育所保育指針において「（前略）異なる文化に触れる活動に親しんだりすることを通じて、社会とのつながりの意識や国際理解の意識の芽生えなどが養われるようにすること」とあることや、学習指導要領の中に「グローバルな視野で活躍するために必要な資質・能力の育成」が掲げられていることからも分かるように、グローバル人材の育成は国の大きな方針となっています。変化のただ中にある現在、多文化保育／教育に関連した諸概念を整理し、育ってほしい子どもの力が広く共有されことが必要です。

　グローバルな視野で活躍するためには、異なる文化や価値観をもつ人々と共に協同する上での難しさを乗り越え、お互いの利害関係を調整しながら発展的に課題解決していけることが前提です。異なる文化に向き合う上での心情・意欲・態度は幼児期から養われるものであり、多文化保育・教育は生涯発達を通じて重要なものであることが考えられます。

持続可能な社会にむけた子どもの参画

　保育や教育のあり方を考える時、未来に生きる子どもたちをイメージし、それに近づけるためのねらいや配慮、教育内容を設定することは重要ですが、子どもたちは現在にも生き、未来の社会を形作る上で大きな力を持っていることを忘れてはなりません。未来を担う子どもたちは、単に既存の文化や価値観を継承するだけではなく、現在の社会に参画し新たな視点で文化を創造するための大きな力となることができ、私たち大人はその力を活かす環境を整え、子どもが社会に参画する権利を守らなければなりません。

　例えば2012年にブログを通じて寄付を募った当時10歳のスコットラ

ンドの小学生だったマーサ・ペイン（Martha Payne）さんが、アフリカ南東部のマラウイ共和国の小学校に給食の調理場を建設することを実現したことは記憶に新しいところです。また2014年に女性の教育を受ける権利や平和を訴え、17歳でノーベル平和賞を受賞したパキスタンのマララ・ユスフザイ（Malala Yousafzai）さんは、「受賞は始まりに過ぎない」として現在も活動を続け、2019年に初来日を果たしました。

　多文化保育／教育における多様性の受容の中には、もちろん子ども／大人の多様性も含まれます。「児童の権利に関する条約」における「生きる権利」「育つ権利」「守られる権利」、そして「参加（参画）する権利」を守り、子どもの発達を考慮しながらも自由に意見を表明しながらそれを社会に役立てていくことは、我々大人に求められる責任であるといえます。

多文化保育／教育の問題点

　重要さを増す多文化保育／教育においても問題は山積しています。日本では歴史的、遺伝的、地政学的、言語的なさまざまな背景から多文化保育に関する経験値が十分に蓄積されているとはいえないこともあり、多文化保育を具体的な理念や教育内容、教育方法ではなく、単に外国につながる子どもがいる状況としてとらえられている施設・学校も多くあります。

　また"外国につながる子ども／日本の子ども"という二項対立的な図式で保育の対象を把握してしまうこと、集住地域と非集住地域で対応に大きな差があること、外国につながる子どもと保護者を被支援者として考えることに留まり支援者や教育リソースとしての重要な役割を果たす可能性の芽を摘んでしまうこと等、保育者が善意であるが故に陥ってしまう多様性の受容についての落とし穴も存在します。

　社会の中でダイバーシティ・マネージメントの必要性が現実のものとなった現在は、多文化保育にとって転機であり変革のチャンスであるともいえます。理念の段階に留まる傾向のあった多様性の受容に保育／教育分野がしっかりと向き合い、個人としての子ども、家庭の中の子ども、地域の中の子ども、国の中の子ども、世界の中の子どもに対する保育／教育を再構築し、子ども自身や保護者と協同しながら未来を切り拓いていくための重要な使命を帯びているのが多文化保育／教育なのではないでしょうか。

第 5 章

コミュニケーションの
ためのリソース

日本の保育所・幼稚園等について
知っていただくための多言語資料をご存じですか。
外国人保護者に連絡帳の使い方を伝える Web サイトや
翻訳ツールの上手な使い方、絵本を多言語で読む方法等、
公開されているさまざまな資料をご紹介します。

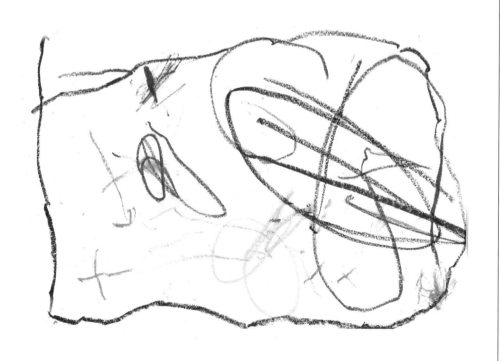

コミュニケーションのツールとしての『幼稚園・保育園ガイドブック』

西山幸子　愛知教育大学外国人児童生徒支援リソースルーム

　日本語指導が必要な児童生徒数が日本でもっとも多いのが愛知県です。愛知教育大学では、2005年度に文部科学省の現代的教育ニーズ取組支援プログラム（現代GP）の採択を受け、「外国人児童生徒のための教材開発と学習支援」プロジェクトの事業がスタートしました。それに伴い、外国人児童生徒支援リソースルーム（以下、リソースルーム）が設立され、現在に至るまで、外国人児童支援に関わるさまざまな活動に取り組んでいます。

日本の幼稚園・保育園を理解してもらうために

　2011年度からの事業で「日本で成長する子ども」という視点から、就学前の幼稚園・保育所・認定こども園の段階からの支援に取り組むことになりました。まずはこうした就学前施設で「外国にルーツをもつ子ども・保護者に関するアンケート」を実施し、現場の先生方の声を聞いてみることから始めました。

　そこで外国にルーツをもつ子どもの保護者（以下、外国人保護者）との関わりにおいて、言語の違いから「コミュニケーションが図りにくい」、文化の違いから「日本の幼稚園・保育園等における当たり前が通じない」ことへの戸惑いが感じられました。そして、保護者の理解が得られないことが、子どもの園生活に大きく影響していることも見えてきました。子どもが安心して園で生活するためには、保護者の理解が必要です。言葉の通じない外国人保護者と保育者をつなぐもの、そして日本とは文化が違う国で育った外国人保護者に日本の幼稚園・保育園等について理解してもらうためのものが必要と考えました。

翻訳しただけでは伝わらない

　また、「水筒を持ってきてください」という内容を翻訳して外国人保護者に伝えたところ、外国人保護者が子どもに持たせた水筒にはジュースが入っていたり、または何も入っていない空っぽの状態だったりした

という話を聞きました。日本人の保護者には「水筒を持ってきてください」とだけ伝えれば、当然のように、子どもはお茶か水が入った水筒を持ってきます。日本人に対する説明を外国人保護者のわかる言語に訳しただけの情報では、文化の違いを埋めることはできないということがわかりました。

　そこで、日本人にとって当たり前のことでも、文化が違う国で育った外国人保護者にとっては当たり前ではないことに気づき、日本の幼稚園・保育園等を理解してもらうために伝えるべき情報は何かを保育者にも知ってもらえるようなガイドブックの作成を試みることになりました。

『幼稚園・保育園ガイドブック』の内容

　『幼稚園・保育園ガイドブック』は 5 か国語（ポルトガル語版、スペイン語版、タガログ語版、英語版、中国語版）で作成しました。

　内容は大きく 3 つに分かれており、 1 章 日本の幼稚園・保育園について、 2 章 コラム、 3 章 便利帳で構成されています。

　 1 章の日本の幼稚園・保育園で紹介されている園行事については、日本人の保護者むけの配布文書にはない部分を大切にしました。

　例えば、国によっては入園式の親の服装がカジュアルなものであったりすることなどを事前に情報収集し、保護者の服装についてもていねいに述べるようにしました。

---

5. 服装・何を持っていくの？

(1) 子どもの服装
　幼稚園・保育園で決められた服（スモックや制服）。ドレスなどは着て行く必要はありません。

(2) 保護者の服装
　新入園児の保護者の多くは、スーツやワンピースを着て行く場合が多いですが、必ずしもそのような服装で行く必要はありません。ジーンズや T シャツなどのカジュアルな服装ではなければ大丈夫です。

(3) 子どもの持ち物
　①上靴
　②入園式のお知らせに書いてある持ち物

(4) 保護者の持ち物
　入園式のお知らせに書いてある持ち物（スリッパ、靴を入れるビニール袋、筆記用具など）。

1章 日本の幼稚園・保育園について、「入園式」より抜粋
（『幼稚園・保育園ガイドブック〜ポルトガル語版〜』愛知教育大学外国人児童生徒支援リソースルームより）

そして、こういった内容を保育者が読むことで、日本とは異なる文化をもつ外国人保護者に、日本の幼稚園・保育園等の入園式を理解してもらうためにはここまで説明する必要がある、ということに気づいてもらうことができると考えました。

　２章のコラムには、①家庭での使用言語、②よんでみませんか？えほん、③100円均一を賢く使おう！の３つのテーマを取り上げました。

　特に、①の家庭での使用言語については、少しでも早く子どもに日本語を身につけさせたいという思いから、保護者自身が家でも日本語を使って子どもとコミュニケーションをとろうとしていたり、保育者が外国人保護者に対して家庭でも日本語を使うように勧めていたりするという話から、家庭の言葉の大切さや、母語を忘れることから生じる影響についての内容を取り入れました。

　３章の便利帳では、①事前確認事項、②送り迎えの変更、③行事のおしらせの３つを作成しました。この便利帳は、正確に情報を伝える必要のある内容を、外国人保護者から保育者、そして保育者から外国人保護者に伝えやすいように、また、日本語と外国語を併記することで、１枚の用紙で情報を共有しやすいように作成しました。

そのまま渡さず、必要ページを確かめながら

　このガイドブックには、一般的な内容で書かれています。各幼稚園・保育園等によって、ガイドブックに書かれている内容と現状やルールが異なる場合があります。外国人保護者に渡す前に必ず目を通してください。必要に応じて絵や写真を差し替える、不要な部分を消すなどして、それぞれの園に合わせた内容に修正してから、外国人保護者に渡すようにしてください。修正しやすいように、『幼稚園・保育園ガイドブック』は日本語と外国語が見開きで対応しています。

　また、ガイドブックは１冊そのまま外国人保護者に渡すものではありません。必要に応じて、ページをコピーして渡すようにしてください。まとめて渡してもなかなか読んでもらえません。そして、渡すときにはコミュニケーションをとりながら、書かれている内容を理解してもらえているかどうか確認することも必要です。外国人保護者がうなずいていても実は理解していなかったり、首をかしげていたり、初めて聞いたような驚いた顔をしていたり、または「そんなこと言われなくてもわかっている」というような反応を示されることもあると思います。

　保護者の反応を参考に、説明を加えたり、省いたりしながら、より現場に役立つコミュニケーションツールとなるように、このガイドブック

「幼稚園・保育園ってどんなところ？」の一部
（『幼稚園・保育園ガイドブック〜ポルトガル語版〜』愛知教育大学外国人児童生徒支援リソースルームより）

を使用することで、伝える手間や質問する手間を省くのではなく、コミュニケーションをとる機会を増やすために使ってください。

　作成にあたり、日本独自の文化を背景にもった内容を訳そうと思っても、それぞれの言語に当てはまる単語が存在しないために、補足説明が必要になったり、ちょっとしたニュアンスの違いから伝えたかった内容が翻訳版を読む相手に違った印象で伝わってしまったり、異なる文化をもつ相手に伝え、そして理解してもらうことの難しさを感じることもありました。しかし、幼稚園・保育園の保育者の視点、外国人保護者の視点、外国から見た日本という視点など、多角的な視点を意識しながら、多くの方にご助言をいただき、作成することができました。ぜひ、ご活用ください。

ガイドブックをはじめ、各種教材等は愛知教育大学リソースルームのホームページよりお申し込みいただけます。
※数に限りがあることから、一団体に1冊でお願いいたします。個人にはお送りしておりません。
※冊子本体は無料ですが、送料のみご負担いただきます。
※すべてのデータをカラーでダウンロードできます。

愛知教育大学外国人児童生徒支援リソースルーム
Mail: gendaigp@auecc.aichi-edu.ac.jp
HP: http://www.resource-room.aichi-edu.ac.jp

Web サイト「連絡帳を書こう!」を作ったわけ

内海由美子　山形大学

話せても、読み書きはむずかしい

　日本で暮らす外国人が増えていますが、その中には、学校で日本語を勉強した人もいれば、そうではない人もいます。日本語を学んだことがない人であっても、日本で生活していれば聞いたり話したりできるようになり、日常会話に不自由しない人もたくさんいます。ところが、読んだり書いたりということになると話は別です。どんなに流ちょうに話していても、日本語が読めないし書けないという人も少なくありません。

園と家庭をつなぐ連絡帳の大きな役割

　日本では多くの園で連絡帳が使われています。連絡帳は、家庭と園の間を行き来するコミュニケーション・ツールとして、大切な役割を果たしています。では、日本語の読み書きに課題を抱える保護者は、連絡帳を十分に活用できているのでしょうか。

　私たちの研究チーム[1]は、日本人の保護者（日本語が母語の保護者）と外国出身の保護者（日本語が母語ではない保護者）の方々から連絡帳を借りて分析しました。その結果、連絡帳の活用についてかなり違いがあることがわかりました。

　日本人のお母さんたちは、日常的な連絡事項だけでなく、家庭での子どもの様子を伝えたり、行事の感想やお礼を書いたりして、とても上手に連絡帳を使っています。園からの問い合わせにも、もれなく返事を書いています。このようにして園の保育者と信頼関係を築いているだけでなく、子育てするうえでの困りごとや悩みごとを相談するツールとしても活用しています。例えば、トイレで上手に用をたせない、子どもが食事を食べないという悩みについて、園での様子、家庭での様子、改善方法の提案などについて連絡帳で何度もやりとりし、園と連携して解決に向かったという例も見られました。

*1
研究チームは内海、澤恩嬉（東北文教大学短期大学部）、薄井宏美（山形大学）、角南北斗（ウェブデザイナー・教材制作者）の4名。

連絡帳に困難を感じる外国出身の保護者たち

　一方、外国出身の保護者の場合、中国や台湾のような漢字圏の出身であっても、記入回数は平均で日本人の保護者の6分の1程度と、かなり

少ないことがわかりました。内容については、早退や欠席、体調や投薬依頼などの連絡事項は書けるようになっても、行事の感想やお礼、年度初めのあいさつなどはなかなか書くのが難しいようです。また、園からの依頼（例「…ごはんの量、もう少し多くしても大丈夫なようです」）や催促（例「集金袋、持ってきていただいたか、確認お願いします」）、あいさつなど（例「（家族が次々にインフルエンザになり）おうちの方も大変だったでしょうね」）、日本人のお母さんなら例外なく返事を書いている場合でも、返事が期待されているのかどうか判断できない、返事を書いた方がいいと思うがどうやって書いたらいいかわからないというような理由で、書いていないことがわかりました。

　中には、お便りが読めず行事に参加できなかったり、行事のお礼を伝えたいのに連絡帳に書くのに何日もかかったりと、寂しい気持ちや悔しい気持ちを抱いている人もいます。また、連絡帳に書いた文章はいつまでも消えずに残るので、「間違えたらどうしよう」「先生を怒らせるかもしれない」「何もできない親だと思われるかも…」「子どもに不利になったらどうしよう」という怖さも抱えています。

　このような寂しさ、悔しさ、恐怖心は、自分が十分に子育てをしていないという自信のなさにつながります。つまり、読めない、書けないことが、子育てに対する自信を失わせる結果にもなりうるのです。

　お便りなら日本人の家族に読んでもらったり、先輩保護者に翻訳して伝えてもらったりすることもできますが、連絡帳に対しては「夫に書いてもらっても、私の言いたいことと違う」「自分で書きたい」という思いが強いことがわかりました。

保護者を支援するサイト「連絡帳を書こう！」

　そこで私たちは、外国出身の保護者に、「連絡帳を書いてみよう」「先生方とコミュニケーションしてみよう」という気持ちになり、自信をもって子育てができるようになってほしい、その保護者の自信が子どもたちの気持ちの安定にもつながるはずだとの思いから、連絡帳を書くときに参照できるサイト*2を開発しました。

　このサイトは、「連絡帳を書こう！」という名前ですが、最大の目的は、外国出身の保護者が保育者とコミュニケーションをとって信頼関係を築き、自信をもって楽しく子育てができるようになることです。コミュニケーションをとる手段は連絡帳だけではありません。また、連絡帳に書いた方がいいこともあれば、書かない方がいいこともあります。そのような、コミュニケーション手段の選択についても紹介しています。

*2
「幼稚園・保育園の連絡帳を書こう！」
https://renrakucho.net/

書くのが苦手だという保護者に対しては、読み書きのハードルを下げるために、お迎えのときに先生に話しかけてみること、連絡帳に「読んだ」という意味の印鑑やサインをすること、「ありがとうございます」などの一言から始めることなどの方法も紹介しています。

　もっと書いてみたいという保護者に対しては、書きたい内容に従ってサイトのページを選び、単語を換えて書き写すことのできるようなモデル文を配置してありますので、そのような保護者がいたら、ぜひこのサイトを紹介していただければと思います。一方で、保護者にとって大きな励ましとなるのは、先生方からの「一言」かもしれません。

「幼稚園・保育園の連絡帳を書こう！」のトップページ。日本語、英語、中国語、韓国語に対応しており、今後、ポルトガル語とタイ語が追加される予定。右は日本語のトップページ。

「幼稚園・保育園の連絡帳を書こう！」の日本語ページ。すべてフリガナがついており、書きたい内容に応じて、文例や言い換えの例がたくさん載っている。

外国人保護者をはげます園の支援

　日本人のお母さんは、連絡帳に「子どもの成長がうれしいです」「少しずつ親の手を離れるのだなあと思うとちょっぴり寂しいです」というようなプラスの感情を書くことがほとんどで、マイナスの感情は書きません。子どもに関して心配なことがあるときにも、自分の気持ちは書かずに、「朝、登園をいやがります」「○○ちゃんがいじめると言っています」など、子どもの言動を書く傾向があります。

　外国出身の保護者の場合、子どものことを心配するあまり、「とても心配です」「仕事が手につきません」など、保護者自身の心配な気持ちや不安感を連絡帳に書くことがあります。一見すると園や先生に対する批判かと思うような書き方になっていることもあります。日本人の保護者の書く連絡帳に慣れていると、外国出身の保護者の書き方は直接的・感情的に感じられ、驚いたり不愉快になったりするかもしれません。

　しかし、それは不満や批判ではなく、日本人の保護者のような書き方ができないというような日本語力の問題かもしれません。また、保護者の母国と日本との習慣の違いが、考え方や感じ方の違いの原因かもしれません。外国出身の保護者の言動に戸惑うことがあるときは、一歩立ち止まって、日本語力、文化の違いなど、さまざまな原因を探ってみてください。

　いちばん大切なことは、朝の登園、帰りのお迎え、園バスなど、とにかく、いろいろな機会をとらえて保護者に話しかけることです。「こんにちは」「寒いけど、だいじょうぶですか」「○○ちゃん、元気でしたよ」「上手にお母さんの絵を描きましたよ」など、一言でもいいと思います。自分からはなかなか話しかけにくい保護者にとって、先生からの声がけはとてもうれしいものです。保護者の母語でのあいさつをインターネットなどで調べ、声をかけてみるのもいい方法です。保護者と協力して子育てしたいという先生方の気持ちを、折に触れていろいろな方法で伝えるように工夫してみてください。

　日本語を自由に読み書きできない保護者が「がんばって日本語で書いてきた」と感じた場合には、ぜひそのことについて触れて感想を言ったりほめたりしてください。先生からの、「おうちでも歌っていますか？」など、まずは「はい」「いいえ」で答えられる質問が書かれていると、「書こう」という動機づけにもなると思います。

「連絡帳を書こう！」の翻訳者は、外国出身のお母さん、海外で子育てを経験したお母さん、そして外国人支援をしてきたお母さんたちです。翻訳者と打ち合わせを重ねるなかで、外国出身の保護者がどんなときに戸惑うのか、何が不安なのかなど、翻訳者自身の子育て経験、支援の経験から、さまざまな事例が出されました。

日本語のページにある「幼稚園・保育園の先生方へ」は、その打ち合わせの結果をもとに、先生方に知っておいていただきたい内容をまとめたものです。また、「子育てに関する習慣や考え方の違い」は園の先生方から聞き取りをした事例を、「外国出身の保護者に言ってはいけない一言」は外国出身の保護者から聞き取りをした事例を参考にしています。

外国出身の保護者が、日本という外国で自信をもって子育てしていくには、まわりの日本人の理解と協力が不可欠です。ひとりでも多くのお母さん、お父さん、子どもたちが笑顔で園生活を送れるよう、それぞれの園での支援のあり方を、ひいては多文化に開かれた園のあり方を考えるきっかけにしてもらえれば……と願っています。

「連絡帳を書こう！」は科研費の助成を受けた「外国にルーツを持つ母親のためのライティング・シラバスの開発」（基盤研究（C）24520564）の成果で、現在も改訂を続けています。

column 外国人保護者が思っていること

プリントはできれば用件から書いてほしい

　娘がふたりいて、上の子が年長です。下の子は来年、入園します。

　幼稚園のほかのママたちは、困った顔をしていたらすぐに助けてくれる。わたしも日本語を勉強して、だいぶ話せるようになってきました。

　でも、園からのプリントは読めないこともあります。ふりがなをいつもつけてほしいです。それと、できるだけ用件から先に書いてほしい。季節のあいさつや前書きがたくさんあると、ちょっと疲れてしまいます。

　ダメなことははっきり言ってください。運動会のとき、「カメラはご遠慮ください」とプリントにあったけど、いいのか悪いのか、カメラを持っている人もたくさんいたから、よけいにわからなくなってしまいました。

（台湾出身、夫は日本人、子ども2人）

「外人」って誰のこと？

　ほかのママはとても親切です。幼稚園ではなにも困ってないです。それよりも、小学校に行ってからが心配です。外見がほかの人とちがうことで、いじめられるんじゃないかって。

　このあいだ、子どもと一緒に外食をしていたら、「外人」って聞こえたんです。この言い方は、自分とはちがうと遠ざけるような感じがあってさびしい気持ちになります。

　子どもの国籍は日本とインドネシアです。見た目だけでナニ人と、かんたんには言えないことも知ってほしい。この世の中にいろいろな国と文化があることを、子どもたちみんなに教えてほしいです。

（インドネシア出身、夫は日本人、子ども1人）

いますぐ使える翻訳ツール

若林秀樹　宇都宮大学

「コミュニケーションをとりたくても言葉が通じなくて」と悩んでいませんか。そんな「言葉の壁」に悩む皆さんが、今すぐに翻訳ツールを使いこなせるようになるために、無料で使える多言語翻訳ツールの活用方法を簡潔に解説します。技術的なことや理屈っぽい説明はありません。さあ、始めましょう！

翻訳ツールとは

音声を入力すれば100言語以上に翻訳してくれるものから、翻訳言語を1つに限定しているものなどさまざまです。外見的には、翻訳機として形を為している「デバイス型」と、スマートフォンなどに組み込んで利用する「アプリ型」に大きく分かれます。アプリ型のほとんどは使用時に通信機能を必要としますが、デバイス型は通信を必要とするものと、あらかじめ翻訳機能が内蔵されているものがあります。以上のようにさまざまな特徴がありますが、ここではすべて「翻訳ツール」と呼ぶことにします。

音声支援と文章支援

翻訳ツールと聞くと、話しかけると翻訳が音声出力されるものを思い浮かべる人が多いと思います。そのような使用方法を「音声支援」と呼ぶことにします。

しかし、授業中など私語が許されない環境では、機器に話しかけたり音声を出力させることは好ましくありません。そのような場合、翻訳された文章を画面で静かに提示できれば効果的です。このように、音声ではなく文字で提示する形を「文章支援」と呼ぶことにします。文章支援ができる翻訳ツールには、音声を用いず文字で原文を入力できるものが多く便利です[*1]。

翻訳ツールは万能ではない

見出しにガッカリしたかもしれませんが、翻訳ツールを活用する上で

*1
文字の入力にはスマートフォンなどが必要なため、入力ができるのはアプリ型に限られる。

最も重要なポイントです。以前、小学校で翻訳ツールの実験をおこなったとき、「授業を同時翻訳して伝えようとしたが使い物にならなかった」という意見が、ある教員から寄せられました。

そのような使い方をしても翻訳ツールはまったく役に立ちませんし、授業の価値も下がります。授業を進めるのも、子どもや保護者とコミュニケーションを図るのも、頼るべきは教員の力量であり熱意です。翻訳ツールはあくまで補助であり、教員が個々のワークスタイルの中で活用を工夫してこそ力を発揮します。

弱点を知ることが活用のカギ

自動車の自動運転は、「走る・曲がる・止まる」という単純な３要素を、AI（人工知能）等を活用しコントロールしています。一方、翻訳ツールは、入力された文章の意味を判断、希望の言語に変換すると同時に、利用者の意図を変えずに伝えるという期待を背負って動いています。その工程は複雑で、間違い（＝誤訳）が起きやすいことは容易に想像できます。「扶養」と「不要」、「学期」と「楽器」を使い分けるための翻訳性能は言語ごとに鍛えなければならず、英語や中国語への翻訳は得意でも、スペイン語の性能はその半分くらいという場合もあります。

また、ほぼすべての翻訳ツールにおいて、使用履歴[*2]が残ることも覚えておく必要があります。翻訳ツールの性能向上のためには、開発側は利用者の使用状況を知る必要があるためです。本書で紹介する翻訳ツールは国の研究機関等が関わっていますが、無料の翻訳ツールの中には広告の発信を目的に利用状況を把握する場合もあります。

[*2]
使用履歴はログ（log）と呼ばれ、翻訳内容のほか送受信の日時、場合によっては使われた地域も提供者によって記録される。

正確な翻訳結果を得るために

「変な翻訳（＝誤訳）が表示されたので困った」「それきり使っていない」という経験をお持ちの方もいると思います。これではコミュニケーションが滞ってしまい、翻訳ツールは役に立ちません。誤訳を避け、快適に翻訳ツールを活用するためには、「やさしい日本語[*3]を心がける」「短い文章で表現する」「特別な名詞は言い換える」など、いくつかの工夫が必要です。それら工夫の具体例は、次ページから実際の翻訳画面を用いて解説します。

[*3]
「やさしい日本語」→
23ページ

VoiceTra（ボイストラ）

VoiceTra（ボイストラ）の活用例

　以下では、実際に翻訳ツールを使って説明します。使用するのは、総務省所管の国立研究開発法人情報通信研究機構（NICT）が開発する多言語音声翻訳アプリ「VoiceTra（ボイストラ）」です。スマートフォンやタブレット端末にダウンロードする無料アプリで、その性能は随時向上しています。個人の旅行者を対象としたアプリとして開発されましたが、近年のニーズを受け、さまざまな業種の言語情報が翻訳エンジンに登録され活用できる場面が豊富になりました。

　私はVoiceTraの翻訳エンジンに、小中学校で使われる学習用語など数万語を登録していただき、小学校現場で実験をおこないました。VoiceTraは「音声支援」と「文章支援」が一度にできるという特徴もあります。また、文字入力機能により原稿を直したり、翻訳結果を逆翻訳により翻訳内容を確認したりできます＊4。

＊4
VoiceTraには、翻訳結果を日本語に再翻訳して表示する機能がある。意図通りに伝わるか確認できて便利である。

VoiceTra（ボイストラ）の活用例

　ここからは、幼稚園・保育所などの保育者と保護者のやりとりを想定した翻訳例を紹介します。正確な翻訳結果を得るためのポイントや、言語による翻訳性能の違いも感じていただけると思います。

①「台風が接近しているので明日の登園時間は変更になる可能性があります」

フィリピン語に翻訳＊5

＊5
翻訳性能は言語によって異なるため、入力する日本語が同じでも翻訳結果は異なる。

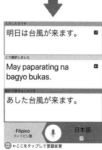

やさしい日本語を使って、短い文章に置き換え

②「お昼寝セット*6を家に持ち帰ってください」

*6
「お昼寝セット」や「わくわくタイム」などの固有の表現は翻訳されない。一般的な単語で言い換えるとよい。

ポルトガル語に翻訳

特別な名詞を言い換えて、短い文章に置き換え

③「今日は園庭で転んでしまったので応急処置をしました」

ミャンマー語に翻訳

やさしい日本語を使い、短い文章に置き換え*7、保護者に観察をお願い

*7
一度に長い文を入力せず、例のように短文に分けることで、翻訳も正確になり、効果的に伝わる。

④「幼稚園のお金はあなたの銀行口座から引き落とされます」

中国語に翻訳
（正確に翻訳されています）

フィリピン語＊8に翻訳
（誤訳が起きています）

別の表現を用いてフィリピン語で伝える

＊8
VoiceTraには、履歴を呼び出す機能があるので、翻訳したい言語が変わっても日本語を再入力し直す必要はない。

⑤「明日はメロディオンを持ってきてください」

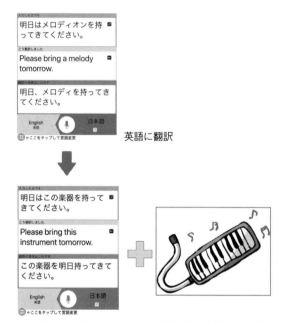

英語に翻訳

名詞（メロディオン）を言い換え、実物や画像を補助的に提示＊9

＊9
画像の提示はとても効果的なので、園内や教具などの画像を職員のスマホ等で共有しておくとよい。

＊画像の翻訳結果は全て2019年12月現在のものです。随時性能向上を図っているため、ここに紹介する翻訳結果が常に表示されるとは限りません。

＊＊VoiceTra画面の上段は教員が音声入力した日本語、中段がVoiceTraによる翻訳結果、下段は翻訳結果を日本語に逆翻訳した部分です。

とにかく使ってみよう

　前項の活用例を見て、「自分ならこんな言い方で入力してみたい」など、ひらめいた人もいるのではないでしょうか。翻訳ツールは、「正しい使い方」が決まっているわけではありません。外国につながる子どもに接する一人一人が思い思いに活用してこそ、豊かなコミュニケーションにつながります。ある小学校教員からは、「翻訳ツールを使ううちに、ふだんの会話もわかりやすい表現を意識するようになったのは大きな収穫だった」という新鮮な意見をいただきました。

　また、「日本語を学習中の子どもに音声入力をさせ、正確に母語翻訳されたら正しい日本語の発音ができている」といった、いわば学習への逆利用も、教員たちのひらめきによって生まれています。

翻訳性能の現状

　多言語翻訳技術の向上は目覚ましく、AIが導入されたことにより、誤訳の少ない自然な翻訳結果が得られるようになりました。観光や日常会話の翻訳を目的とするサービス開発も活発で、誰でも電気店で実際に手に取りながら翻訳機器を購入することができます。ここに書いた使用時のポイント、意図した翻訳結果を得るための"言い換え方"などは、すべてのデバイスやアプリに共通していますので参考にしてください。一方、教育現場では特殊な用語も多く、教員ニーズを満たしてくれる技術の向上が望まれます。

その他の翻訳ツール

　このような現状の中、凸版印刷株式会社の有料翻訳サービス「Voice Biz（ボイスビズ）」は、教育現場での使用に応える翻訳性能を提供します。役所での、「子どもを学校に入れる手続きが知りたい」「国民健康保険についてどこで聞けばいいか」などの会話や、学校での「子どもがいじめにあっているようなので相談がしたい」など、実際の会話通りに翻訳結果が得られるようになっており、ストレスの少ないコミュニケーションが可能です。文部科学省が2019年度から導入した、「多言語翻訳システム等ICTを活用した支援の充実」事業の対象として、全国の自治体や教育委員会で採用が広がっています。

VoiceBiz（ボイスビズ）

今後望まれる翻訳支援

　幼稚園・保育所等や学校は、保護者との信頼関係を築くことも大切であり、連絡帳や家庭向け配布通知も多言語による支援が不可欠です。特に、緊急時の情報を多言語で伝えることは重要で、これらのニーズに応える翻訳システムの普及が望まれます。筆者は、教育機関（学校や幼稚園など）と保護者をつなぐ多言語連絡帳システム、「E-Tra（イートラ）ノート」＊10の実用化に向けた研究を進めています。教員・保育者は日本語で作業し多言語の保護者に一括送信、保護者の反応は教員・保育者が日本語で一覧できるシステムで、緊急時の連絡にも対応しています。日本語を母語とする家庭にも活用でき、各方面から実用化への期待が寄せられています。

＊10
E-Traノート
https://e-tra.jp/

翻訳ツールは壁を取り払うきっかけになる

　あなたに、「言葉が通じなくて先に進めない」誰かがいるなら、いますぐ翻訳ツールを使ってコミュニケーションを試みてください。立ちはだかっていた「言語の壁」は少しずつ薄れ、見えなかった目と目が通じ、やがて手と手がつながって、「人は言葉が違っても理解し合う力をもっている」ことに気づくはずです。

　言葉の壁は、通じないと思い込んでいる人々の心の中に築かれています。翻訳ツールは心の壁を取り払うきっかけを作り、皆さんをその一歩先に連れていってくれるはずです。

注：文中で紹介した【VoiceTra】は、2019年12月現在AppStoreまたはGooglePlayより無料ダウンロードが可能です。PCまたはMac版は提供されていません。

1冊の絵本を世界のいろいろな言葉で

石原弘子　多言語絵本の会 RAINBOW

絵本で育つ子どもの心

　今日も1歳のメイちゃんは同じ絵本を持って
きて、「よんで」と言います。ブックスタート*1
でもらった『コップちゃん』です。「コップちゃん
こんにちは」と読み始めると、メイちゃんも大き
な声で「こんにちは！」とコップちゃんにあいさ
つを送ります。ある日、「カンパーイ！」のペー
ジで、今までの表情に加え、少しはにかんだよ
うな顔を浮かべました。なにか心に芽生えたも
のがあったようです。

　『三びきのやぎのがらがらどん〈ノルウェーの
昔話〉』では、いちばん小さいヤギのがらがらど
んの機転といちばん大きなヤギのがらがらどん
の迫力が、子どもたちの心に、ユーモアや勇気
への賛同をもたらしてくれます。最後にトロル
をやっつけて、山の草場でゆうゆうと草を食べ
ている場面でほっとします。何度も何度も読ん
でもらって、同じ場面でハラハラし、同じ場面
でほっとします。子どもたちの心に、生きる知
恵や勇気を教えてくれます。

ぶん・中川ひろたか
え・100% ORANGE
ブロンズ新社
2003年

え・マーシャ・ブラウン
やく・せたていじ
福音館書店
1965年

*1
ブックスタートは、絵本
をひらく楽しい「体験」と
「絵本」をセットでプレゼ
ントする、イギリス発祥の
活動。2019年11月現在、
1051自治体で行われてお
り、すべての赤ちゃんを対
象に0歳児健診などの機会
に実施されている。（NPO
法人ブックスタートホーム
ページより）

共有したい、でも、できない

　保育所や幼稚園で、子どもたちは、たくさんの絵本に出会います。「た
のしかったよ」とお母さんに言いたいけれど、外国人のお母さんにはよ
くわからないことがあります。子どもの感動を親も知りたい、けれど、
文字が読めない、意味がわからない、親もさびしいし、子どももさびし
いです。

　同じようなことが、毎日、起きています。家庭で知ったおもしろいお
話を、園のお友達や先生にお話ししたい、けれど、伝わらないというこ
とが……。そのうち、子どももおとなも、園は園、おうちはおうちと切

り離して考えるようになっていきます。

　こんなとき、幼稚園、保育所や図書館で、外国の絵本を読むという会が開かれるとどうでしょう。お母さんが、お友達に、自分がよく知っている言葉でお話をしてくれると、子どもはどんなに誇らしいでしょう。

多言語よみきかせを始めたわけ

　2003年のある日、私たちが開いている日本語教室に来ていたフィリピン出身のお母さんが、「私の言葉は日本では必要がない」と言いました。中国のお母さんは、日本人の夫から「中国語で子どもに話さないでくれ」と言われ、韓国のお母さんは、「街中では韓国語で子どもに話さない、話すと、周りの人たちから変な目で見られるから」と言うのです。子どもは、どんどん日本語が上手になり、母語を忘れていきます。親のほうの日本語学習の進歩は遅く、親子の母語でのコミュニケーションが徐々に難しくなっていく家庭もあります。

　これには、日本語以外の言葉を堂々と使える場が必要だと思いました。

　多言語絵本の会RAINBOWを立ち上げ、2006年、図書館に多言語でのよみきかせを提案しました。すぐに了解していただき、2月から毎月1回、わずか15分間の機会ですが、いろいろな国の方と絵本を読んできました。聞き手は図書館を利用する就学前の子どもたちとその保護者で、日本人が中心です。

アメリカの家族のよみきかせの一場面

　外国の方たちは、喜んで参加してくださいました。その方の子どもたちも参加してくれました。母語を使える場、日本語以外の言葉を話す親の姿を子どもに見せられる場になり、2015年3月まで続きました。現在は、小学校などで実演しています。

日本語と外国語で交互に読み、リズムや音を楽しむ

　一般的な絵本のよみきかせは、ストーリーを伝え、その流れを聴き手のみんなが共有していき、終わったときに、同じような感動をみんなが感じるというものです。しかし、外国語だけで絵本を読んでもらうと、よく知っているお話でも言葉が理解できないので、あまりおもしろくありません。子どもたちに外国語になじんでもらうには、日本語と外国語

の交互読みがよいと考えました。

　作品によって異なりますが、1文ずつ、1節ずつ、または1ページずつ、2言語が追いかけあうようにして読み進みます。子どもたちは、わかる方の言語で理解し、知らない言語のときは絵をじっと見ています。言葉のリズムを楽しみ、日本語ではない音を楽しむということです。このとき日本語が先か、外国語が先かは、本によってどちらでもかまわないと思います。

多言語よみきかせに使える絵本の探し方

　地域の図書館に外国語の絵本があるか、まず聞いてみましょう。クラスにいる外国につながる子どもの国の絵本を読んであげたい、どんな絵本があるのかわからないというときは、ぜひ、図書館に相談してみてください。

　国によっては、絵本文化が発達していないところがありますが、そんなときでも、なにか、その国を紹介する資料があります。

　いちばんいいのは、保護者に協力していただくことです。例えば、モンゴルの絵本をもっている図書館は少ないと思いますが、モンゴルでは、絵本文化がたいへん豊かです。もし、モンゴルにつながる子どもがいて、保護者が実物を見せてくれると、モンゴルへの理解と親しみは大きく深まるでしょう。

　どんな絵本に、どんな翻訳の本があるのかは、国立国会図書館国際子ども図書館のホームページから調べることができます。

　　　国立国会図書館国際子ども図書館＞「本・資料を探す」＞「外国語
　　　に翻訳刊行された日本の児童書情報」
　　　（https://rnavi.ndl.go.jp/childbook/honyaku.php）

　詳細検索から、キーワードを絵本、追加条件で国名（たとえばタイ）を入れると、タイで出版されている絵本のタイトルが日本語でわかります。情報がわかれば、公立図書館の検索機能を使って調べます。東京都立図書館の場合、統合検索で、区立図書館、市町村立図書館にチェックを入れて、日本語名でタイトルを入れると、各館の所蔵数が出てきます。地域の図書館が所蔵していなくても、図書館間の貸し出しがあるので、リクエストすれば取り寄せて借りることができます。

音声も楽しめる多言語電子絵本

　2009年3月、東京都目黒区は、子どもたちに子ども条例をわかりやすく伝えるために絵本『すごいよ　ねずみくん』を刊行しました。これを見てすぐに、この絵本は日本語だけでなく、いろいろな言葉で読めるようにするべきだと思いました。周りにいる人たちに呼びかけて、翻訳をしてもらい、音訳をしてもらい、そして2013年、読

さく・きむらゆういち
え・鈴木アツコ
目黒区
2009年

書が困難な人のための読書支援システム「マルチメディアデイジー」[*2]にすることができました。外国につながる子どもたちの母語、母国語に触れる機会をつくりたい、日本語で育つ子どもたちに英語以外の外国語に触れる機会をつくりたい、そして、外国人の社会参加の機会になってほしいという願いから動いてきました。2015年には、これらを動画投稿サイトYouTubeで見られる動画にしてはどうかと提案してくださる方があり、手探りながら、進めてきました。

　また、子どもが日本の小学校に入ったとき、日本の昔話を知らなかったらかわいそうだから自分の国の言葉で読んでやりたいという外国人のお母さんの願いを知り、日本の昔話を取り上げることにしました。

　伊藤忠記念財団が出しているデイジー図書「わいわい文庫」のなかに数点の日本昔話があります。作者と画家に使用許可をお願いすると快諾してくださいました。日本昔話は「かさじぞう」「つるのよめさま」「はなさかじい」「さるかに」「うらしまたろう」「かぐやひめ」の6話を多言語化しています。

　例えば「かさじぞう」は現在13言語で視聴することができます。

　YouTubeを通して楽しめる作品は、原作20、翻訳言語数28言語、総作品数204となっています。全部、多言語絵本の会RAINBOWホームページ[*3]で公開しています。

　韓国や台湾では、在住外国人の子どもたちのために、その国の絵本の電子絵本を作っています。少しアニメーションを入れて、とても楽しくなっています。上記RAINBOWのホームページのトップ画面のいちばん下に、リンクをはっています。国が外国人を受け入れると決定すると、企業や自治体が協力して、その外国人と家族の母語保持のため、多文化共生のために電子絵本のサイトを開設しているのです。

＊2
マルチメディアデイジーは、音声を聞きながら、画面上の文字と絵を見ることができるデジタル図書。読んでいるところが、ハイライトされ、読みやすいように文字の大きさ、音声のスピード、文字や背景の色を選ぶことができる。
無料の作品は、日本障害者リハビリテーション協会の中のノーマネットのページにある。
https://www.normanet.ne.jp/services/download/rainbow.html

＊3
多言語絵本の会
RAINBOW
https://www.rainbow-ehon.com/

園で多言語電子絵本を楽しむために

　これらの作品を集団よみきかせに使いたいという声も聞くようになりました。YouTubeは個人の視聴に適していますが、集団読み、特に日本語と外国語で読む場合は、紙芝居やパワーポイントで見られるように作り直しをした方がよいとわかりました。そこで、データを差し上げるので、やりやすい形に作り直してくださいと言っています。

　外国につながる子どもたちが多くなり、1クラスに複数の国の子どもが在籍している場合もあると思います。私は、同じ絵本が複数の言語で読めることで、日本語だけでなく、違う言語の子どもも同じ話を楽しむことができる、そして、「あなたがここにいていいのですよ」というメッセージを発していると考えています。

おはようございます

中国語

早上好

ザオシャンハオ

韓国語

안녕하세요

アンニョンハセヨ

ベトナム語

Xin chào.

シンチャオ

フィリピノ語

Magandang umaga po.

マガンダン ウマガ ポ

ポルトガル語

Bom dia.

ボンジーア

ひとつの国・地域でも、いろいろな言語や方言が使われているところがあります。
場面や相手によってさまざまな言い方があるところや、朝でも昼でも別れるときも、
あいさつ全般に同じ言い方をするところもあります。保護者に教えてもらいましょう。

ネパール語

ナマステ

台湾語

早上好

ザオシャンハオ

インドネシア語

Selamat pagi.

スラマッパギ

英語

Good morning.

グッモーニング

タイ語

สวัสดีครับ

サワディークラップ

สวัสดีค่ะ

サワディーカー

※男性はクラップ、女性はカーという。

ありがとう

감사합니다

カムサハムニダ

中国語

谢谢

シェイシェイ

ベトナム語

Cảm ơn.

カムオン

フィリピノ語

Salamat po.

サラマット ポ

ポルトガル語

Obrigado.

オブリガード

Obrigada.

オブリガーダ

※男性はオブリガード、女性はオブリガーダという。

90

ひとつの国・地域でも、いろいろな言語や方言が使われているところがあります。
場面や相手によってさまざまな言い方があるところや、朝でも昼でも別れるときも、
あいさつ全般に同じ言い方をするところもあります。保護者に教えてもらいましょう。

ネパール語

धन्यवाद

ダンネバード

台湾語

謝謝

シェイシェイ

インドネシア語

Terima kasih.

トゥリマカシ

英語

Thank you.

サンキュー

タイ語

ขอบคุณครับ

コープクンクラップ

ขอบคุณค่ะ

コープクンカー

※男性はクラップ、女性はカーという。

さようなら

韓国語

안녕히가세요
アンニョンヒカセヨ

中国語

再见
ツァイチェン

안녕히계세요
アンニョンヒケセヨ

※去る人に対しては「〜カセヨ」、
留まる人に対しては「〜ケセヨ」という。

ベトナム語

Xin chào.
シンチャオ

フィリピノ語

Paalam po.
パーラム ポ

ポルトガル語

Até amanhã.
アテアマニャン

ひとつの国・地域でも、いろいろな言語や方言が使われているところがあります。
場面や相手によってさまざまな言い方があるところや、朝でも昼でも別れるときも、
あいさつ全般に同じ言い方をするところもあります。保護者に教えてもらいましょう。

ネパール語

ナマステ

台湾語

再見

ツァイチェン

インドネシア語

Sampai jumpa lagi.

サンパイ ジュンパラギ

英語

Goodbye.

グッバイ

タイ語

สวัสดีครับ

サワディークラップ

สวัสดีค่ะ

サワディーカー

※男性はクラップ、女性はカーという。

参考になるWebサイト

◎文部科学省かすたねっと
外国につながりのある児童・生徒の学習を支援する情報検索サイト。各都道府県・市町で公開中の多言語文書などを、言語や地域などから検索できる。
https://casta-net.mext.go.jp/

◎文部科学省「外国人児童生徒のための就学ガイドブック」
https://www.mext.go.jp/a_menu/shotou/clarinet/003/1320860.htm

◎一般社団法人自治体国際化協会「多文化共生ポータルサイト」
各自治体や地域の国際交流協会等が作成したツールが検索・参照できる「多文化共生ツールライブラリー」、災害時の多言語情報、国の情報や法令の紹介などがある。
http://www.clair.or.jp/tabunka/portal/

◎公益財団法人かながわ国際交流財団
「保育園入園のための児童調査票」や「入園のしおり」をはじめ、外国人住民の子育て支援等に関する多言語資料を公開。多文化共生、人材育成などの事業を展開している。
http://www.kifjp.org/child/supporters#hoiku

◎あいち多文化共生ネット
愛知県社会活動推進課多文化共生推進室のサイト。「プレスクール実施マニュアル」や「多文化子育てサークル実施マニュアル」などのほか、「母語教育サポートブック『KOTOBA』」や「あいち多文化子育てブック」など、多言語資料も公開。
https://www.pref.aichi.jp/soshiki/tabunka/

◎社会福祉法人大阪ボランティア協会『多文化子育て支援ガイドブック 日本語でつたえるコツ』
子育ての場で役立つ「やさしい日本語」の指南書。
http://www.osakavol.org/08/multicultural/guidebook.html

◎関西母語支援研究会「多文化な子どもたちの学び～母語を育む活動から～」
母語の重要性を多言語でも紹介している。
https://education-motherlanguage.weebly.com/

◎神戸市「就学前児童施設のための指さしコミュニケーションシート」
保育者と保護者をとりもつ指さしシート（英・中・ベトナム語版）や「子ども・子育て支援新制度早わかりガイド」の多言語版を公開。
https://www.city.kobe.lg.jp/a36812/kosodate/shien/shinseido/shorui/pamphlet.html

◎国土交通省「多様な食文化・食習慣を有する外国人客への対応マニュアル」
https://www.mlit.go.jp/common/000059429.pdf

◎発達障害情報・支援センター
発達障害に関する情報を、本人や家族・支援者に提供しており、多言語版パンフレットも公開。
http://www.rehab.go.jp/ddis/

◎愛知教育大学外国人児童生徒支援リソースルーム
『幼稚園・保育園ガイドブック』『小学校ガイドブック』のほか、さまざまな教材が公開されている。
http://www.resource-room.aichi-edu.ac.jp/

◎外国出身保護者のための支援サイト「幼稚園・保育園の連絡帳を書こう！」
外国人保護者が連絡帳を書くためのツールとして作成され、支援者向けのページも参考になる。
https://renrakucho.net/

◎ピナット～外国人支援ともだちネット「外国籍保護者のための小学校案内」
三鷹市で活動する市民団体のサイト。保護者目線で作成された小学校案内が多言語版で公開されている。
https://pinatmitaka.wixsite.com/pinat/guidebook

◎多言語音声翻訳アプリ〈Voice Tra〉
国立研究開発法人情報通信研究機構の成果を活用して提供されているアプリ。音声と文字とから使うことができる。
https://voicetra.nict.go.jp/

◎多言語絵本の会Rainbow
多言語読み聞かせのための作品リスト等情報満載。
https://www.rainbow-ehon.com/

◎国際子ども図書館「外国語に翻訳刊行された日本の児童書情報」
国立国会図書館「リサーチ・ナビ」にリンクされている。
https://rnavi.ndl.go.jp/childbook/honyaku.php

◎NPO法人にほんご豊岡あいうえお
自転車のルールを、やさしい日本語を含め24言語で紹介する資料がある。
http://www.eonet.ne.jp/~aiueo-nihongo/index.html

監修者

咲間まり子 (さくま まりこ)

東京純心大学教授・実習指導センター長。専門は教育社会学（子育て支援、国際理解）。岩手県立大学教授、修紅短期大学教授等を経て現職。保護者の子育てストレスや家族支援・社会支援から、母方母語・文化の継承にいたる幅広いニーズを明確化し、多様なルーツをもつ人々が、真に社会の一員として「共に生きる」ことができる社会を築いていきたい。著書『多文化保育・教育論』『保育原理――はじめて保育の扉をひらくあなたへ第2版』（以上、みらい）、『コンパス 保育内容総論 第2版』（建帛社）他多数。

執筆者

石原弘子 (いしはら ひろこ)

多言語絵本の会RAINBOW代表。人生のキーワードは絵本、図書館、日本語教育、多文化共生、母語、多言語電子絵本。どこの図書館にも、世界の言葉を見たり聞いたりできる多言語電子絵本があること、それが私の夢。

内海由美子 (うつみ ゆみこ)

山形大学教授。専門は日本語教育学。研究テーマは、アジアからの結婚移住女性に対する日本語習得支援、外国につながる子ども支援の態勢と体制。「大人のネットワークは子どものセーフティネットになる」と考え、地域づくりを模索している。

大阪ボランティア協会元『日本語でつたえるコツ』広げる委員会

『多文化子育て支援ガイドブック 日本語でつたえるコツ』の企画・編集を担ったメンバーで構成。「やさしい日本語」で対応できる子育て支援者を育てるために、各地で出張ワークショップを開催。2016年3月の解散以降は要請に応じ、有志が活動している。

小島祥美 (こじま よしみ)

愛知淑徳大学准教授。小学校教員、NGO職員を経て、一地方自治体の全外国籍の子どもの就学実態を日本で初めて明らかにした研究成果により、岐阜県可児市教育委員会の初代外国人児童生徒コーディネーターに抜擢。専門は教育社会学（多文化共生、国際理解教育）。

品川ひろみ (しながわ ひろみ)

札幌国際大学教授。専門は保育社会学。日系ブラジル人が集住する地域や、少数民族であるサーミやアイヌ民族に関する調査研究を行う。共著に「サーミ教育の歴史と教育機関」『北欧サーミの復権と現状』（小内透編著、東信堂）、「乳幼児に関わる課題」『外国人の子ども白書』（荒牧重人ほか編、明石書店）他。

出口雅子 (でぐち まさこ)

ピナット～外国人支援ともだちネット事務局。乳幼児をもつ外国人ママの居場所づくり事業を主に担当。武蔵野市国際交流協会などでフィリピン語の通訳など語学ボランティア。共著に『フィリピンと出会おう』（国土社）。

中野明子 (なかの あきこ)

福島学院大学短期大学部保育学科講師。幼稚園教諭、東京都認証保育所副園長、船橋市医療センター保育室長、横浜市認可保育園園長を経て現職。上海の幼稚園で、日本人家庭の子育てへの不安や悩みを身近に感じた経験から多文化保育・教育を考えている。

西方郁子 (にしかた いくこ)

東京都・杉並区の児童館・学童クラブに34年間勤務後、NPO法人にじのこ非常勤職員。57歳で障害者ヘルパーデビュー。三鷹市の市民団体「ピナット」で外国ルーツの子どもたちの学習支援教室ボランティアとしても活動。

西山幸子 (にしやま さちこ)

愛知教育大学日本語教育講座。同大学外国人児童生徒支援リソースルームで就学前、小学校・中学校に通う外国につながる子どもの支援活動に携わる。学生ボランティア派遣、教材作成、調査研究など。

堀田正央 (ほった まさなか)

埼玉学園大学子ども発達学科/子ども教育学研究科教授。所属学部で「多文化保育論」、大学院で「多文化子ども教育特論」を担当。専門分野はグローバルヘルス、多文化保育、持続可能な開発のための教育等。

若林秀樹 (わかばやし ひでき)

公立中学校の日本語教室担当経験を基に、教員向け手引き執筆や情報提供を続ける。また、多言語翻訳技術を学校教育に活用する「E-Tra構想」を提唱、言語の壁を取り除き、外国人の子ども支援を、「特別な指導」から、誰もができる「普通の支援」に変える取り組みに注力する。

Special thanks

中島和子（カナダ・トロント大学名誉教授）
横浜市北上飯田保育園
つくば市立桜南幼稚園
NPO法人そよかぜ保育室
ピナット〜外国人支援ともだちネット
HSK工房

カバー・オビ原画　ずえい、あい、ひな、りのあ
トビラ原画　だっと
章トビラ原画　らぽっと、こう、てぃの、はると、ゆうき
（原画はカラー）

企画・編集　かもがわ出版東京事務所
ブックデザイン　橘川幹子
DTP　co2_design
イラスト　Bikke
取　材　山家直子（編集部）

保育者のための外国人保護者支援の本

2020年2月21日　初版第1刷発行

監　修　咲間まり子
発行者　竹村正治
発行所　株式会社 かもがわ出版
　　　　〒602-8119　京都市上京区堀川通出水西入
　　　　TEL 075-432-2868　FAX 075-432-2869
　　　　振替　01010-5-12436
　　　　ホームページ　http://www.kamogawa.co.jp
印刷所　シナノ書籍印刷株式会社

ISBN 978-4-7803-1067-2　C0037
Printed in Japan